한국의 1967년 GATT 가입 협상

한국외교협상사례 총서 4

한국의 1967년 GATT 가입 협상

초판 1쇄 발행 2022년 12월 15일

지 은 이 박노형 · 정명현
발 행 인 한정희
발 행 처 경인문화사
출판번호 406-1973-000003호
주소 (10881) 경기도 파주시 회동길 445-1 경인빌딩 B동 4층
전화 031-955-9300   팩스 031-955-9310
홈페이지 http://www. kyunginp.co.kr
이메일 kyungin@kyunginp.co.kr

ISBN 978-89-499-4954-3 94340
       978-89-499-4940-6 (세트)

– 이 책은 집필자의 견해를 바탕으로 작성된 것으로서
  외교부의 공식입장과는 무관한 것입니다.

국립외교원 외교안보연구소
외 교 사 연 구 센 터

한국의 1967년 GATT 가입 협상

박노형·정명현

경인문화사

간행사

뛰어난 인재를 구하기 어려움은 옛날과 오늘이 다르지 않았으니, 선인들은 이를 '재난(才難)'이라는 말로 표현했습니다. 특히 대한민국 외교를 짊어질 외교관 후보자와 초임 외교관들에 대한 교육의 중요성과 어려움은 새삼 강조할 필요도 없을 것입니다. 이에 국립외교원 외교안보연구소 외교사연구센터는 외교관후보자 교육과 초임 외교관들의 실무에 도움을 주고자 2018년부터 「한국외교협상사례」총서를 발간하고 있습니다. 본 총서는 1948년 대한민국 정부 수립 이후 오늘에 이르기까지 외교부가 수행한 주요 외교협상 사례의 배경, 주요 쟁점, 전략, 과정, 성과 및 후속조치 등을 체계적으로 서술함으로써 그 공과(功過)를 기록하고 정책적 함의를 도출하는 데 그 목적이 있습니다.

이를 위해 국립외교원은 국내 정치외교학계 및 국사학계의 최고 전문가들로 구성된 기획편집위원회의 자문을 받아 주요 외교협상사례 100건을 선정한 후, 이를 바탕으로 매년 5책 내외의 「한국외교협상사례」총서를 간행하고 있습니다. 본 편찬사업의 실무를 담당한 김종학 외교사연구센터 책임교수와 집필자 추천으로부터 최종 결과물의 심사에 이르기까지 전 과정에 참여해주신 신욱희, 홍석률 공동위원장을 비롯한 기획편집위원들의 헌신적인 도움과 노력에 심심한 사의를 표합니다. 본 총서가 장래 한국 외교의 동량(棟梁)이 될 우리 외교관 후보자들에게 귀감이 되는 교재이자 현직 외교관들의 유용한 업무 지침서로 널리 활용될 수 있도록 많은 관심과 격려를 부탁드립니다.

2022년 1월

국립외교원장 홍현익

서문

　2017년 4월 사단법인 한국통상법제연구소는 한국의 GATT 가입 50주년을 기념하는 세미나를 개최했는데, 한국이 1967년 GATT에 가입하기 훨씬 전인 1950년대 초에 GATT에 가입할 수 있었음이 확인되었다. 당시 한국은 한국전쟁으로 해방 이후 가장 어려운 정치·경제적 상황이었음에도 미국 등 여러 GATT 체약국들의 지원을 받아 아주 쉬운 조건으로 GATT에 가입할 수 있었다. 결국 1950년의 「토키의정서」에 대한 서명이 여러 번 연기되면서 한국의 GATT 가입은 무산되었지만, 인적·물적 자원이 극히 모자란 당시의 상황에서 토키라운드 협상을 수행한 한국 외교관들의 지대한 활약은 미루어 짐작할 수 있다.

　이와 같이 1950년대 초 GATT 가입의 의의를 올바르게 인식하고 최선을 다하여 노력한 당시 외무부 등 한국 정부의 기상과 의지는, 1967년 한국이 GATT에 정식으로 가입할 수 있는 원동력이 되었다. 1963년 7월 GATT 사무총장의 가입 권유 서한을 받고 GATT 가입에 관하여 관계 부처의 의견을 묻는 외무부 통상진흥과의 공문이 회람된 이래, 1966년 5월 GATT 가입 신청과 연내 가입 협상 완료, 1967년 국회 비준 및 가입의정서 서명에 이르기까지 일사천리로 진행된 경과는 외교 현장에서 활약한 이들의 노고를 엿볼 수 있는 대목이다.

　「토키의정서」 서명을 통하여 한국이 1950년대 초반 GATT에 가입했다면, 한국은 GATT의 시장경제 질서를 보다 일찍 수용하여 전후 복구를 보다 용이하게 할 수 있었을 것이다. 그럼에도 한국은 GATT 가입을 통하여 최혜국대우 원칙에 기반한 다자통상체제에서 다른 체약국의 관세양허 혜택을 받음으로써 안정적인 교역시장을 확보하게 되었다. 이후 WTO체제에서 한국은 규모에 있어서 세계10대 통상국가의 반열에 올라섰지만, 정치·경제적 측면에서 전략적으로 통상의 국익을 극대화하여 진정한 의미에서 세계 10대 통상국가로서 지위를 확고하게 만들어야 할 것이다. 예컨대, 디지털통상이 부각되는 21세기에 WTO에서의 데이터무역에 대한 새로운 다자규범 협상에 적극 참여하고, FTA 등을 통한 해외시장 확보에도 빈틈이 없어야 할 것이다. 이 점에서 한국이 GATT 가입 과정에서 보여준 통상외교의 헌신적인 노력은 현재와 미래의 통상외교에 훌륭한 교훈이 될 것이다.

이 책은 국립외교원이 주관한 한국 외교협상 사례연구의 일환으로, 이 자리를 빌려서 이 연구 수행에 직접적인 도움을 주신 국립외교원의 조양현 교수, 김종학 책임교수를 포함한 담당자 여러분들께 깊이 감사를 드린다. 통상법을 전공한 입장에서 한국의 GATT 가입에 관한 연구는 특별한 의미를 갖는데, 이 연구를 수행할수 있도록 저자들을 추천해주신 서울대학교 국제대학원 안덕근 교수님께도 깊이 감사드린다. 더불어 이번 연구의 수행에서 자료 수집 등을 도와준 고려대학교 일반대학원 국제법 전공 홍진형·천영환 학생에게도 감사드린다.

2019년 8월

박노형·정명현

차 례

1. 본 총서는 한국외교협상사례 기획편집위원회가 선정한 『한국 100대 외교협상사례』에 기초하여 협상의 배경과 중요 쟁점, 전개과정과 협상전략, 후속조치와 평가 등을 서술한 것이다.

2. 본 총서의 집필자 추천 및 원고 심사는 한국외교협상사례 기획편집위원회가 담당하였다. 본 위원회의 구성은 다음과 같다.
   공동위원장   신욱희(서울대학교), 홍석률(성신여자대학교)
   위   원   신종대(북한대학원대학교)
   위   원   우승지(경희대학교)
   위   원   정병준(이화여자대학교)
   위   원   조양현(국립외교원)

3. 본 총서는 각 협상사례를 상대국 및 주제에 따라 총 7개의 클러스터로 분류하였다. 각 클러스터는 책등 및 앞표지 상단의 사각형 색으로 구분하였다.
   1) 한반도(황색)
   2) 미국(주황색)
   3) 일본(자주색)
   4) 중국, 러시아(보라색)
   5) 유럽, 제3세계(남색)
   6) 국제기구, 환경(녹색)
   7) 경제통상(연두색)

4. 부록에는 협상의 관련 자료와 연표 등을 수록하였다.

   1) 관련 자료에는 한국, 협상상대국, 제3국의 외교문서 원문 및 발췌문, 발표문, 언론보도 등을 수록하였다.

   2) 자료의 제목, 공식 문서명, 발신일, 수록 문서철, 문서등록번호, 기타 출처 등은 부록 서두에 목록화하였다.

   3) 연표에는 주요 사건의 시기와 내용, 관련 자료 등을 표기하였다.

   (예)

시기	내용
1950. 10. 7.	유엔총회 UNCURK 창설 결의

[자료 1] "Resolution 376 (V) Adopted by the General Assembly"

   4) 자료의 제목은 공식 문서명을 기재하는 것을 원칙으로 하되(예: "Telegram from the Embassy in Korea to the Department of State") 편의상 자료의 통칭 등을 기재하기도 하였다(예: "닉슨 독트린").

   5) 자료는 원칙적으로 발신일을 기준으로 나열하되, 경우에 따라 협상 단계 및 자료간 연관성 등을 고려하여 배치하였다.

| 개요 |

한국은 1967년 4월 14일 '관세와 무역에 관한 일반협정(GATT: General Agreement on Tariffs and Trade)'의 72번째 체약국이 되었다. 그러나 그보다 16년 전인 1950년대 초반에 한국이 GATT의 제3차 다자무역협상인 토키라운드(Torquay Round)에서 GATT에 무난히 가입할 수 있었던 상황은 잘 알려져 있지 않다. 당시 한국은 한국전쟁으로 해방 이후 정치·경제적으로 가장 어려운 상황이었다. 그럼에도 한국 정부는 GATT에 대하여 상당히 올바른 이해를 가지고 가입을 추진했고, 미국 등 여러 GATT 체약국들의 지원을 받아 아주 쉬운 조건으로 GATT에 가입할 수 있는 상황이었다. 특히 미국은 제2차 세계대전 후 세계질서 재편 차원에서 서독·일본과 함께 한국의 GATT 가입을 적극 지원했다.

인적·물적 자원이 극히 부족했던 당시 상황에서 한국의 GATT 가입이 추진될 수 있었던 배경에는, 토키라운드 협상을 수행한 영국의 윤치창 주영공사와 전규홍 주불공사 등의 활약이 있었다. 한국의 GATT 가입은 1950년 당시 「토키의정서」 서명을 여러 번 연기하면서 결국 무산되었지만, 국내외적으로 쉽지 않은 상황에서도 정부 등이 GATT와 GATT 가입의 득실을 정확하게 간

파하고 있었다는 점은 긍정적으로 평가할 만하다.

이와 같이 1950년대 초 GATT 가입의 의의를 올바르게 인식하고, 이를 위해 최선을 다하여 노력한 당시 외무부 등 한국 정부의 기상과 의지는 1967년 한국이 GATT에 정식으로 가입할 수 있는 원동력이 되었다. 「토키의정서」 서명을 통하여 1950년대 초반 GATT에 가입했다면, 한국은 GATT의 시장경제 질서를 보다 일찍 수용하고, 한국을 원조하는 입장에 있던 대부분의 GATT 체약국들의 전폭적인 지원을 받아 보다 빠르게 전후 복구를 할 수 있었을 것이라는 아쉬움이 남는다.

한편, 1950년대 초 한국의 GATT 가입에 미국이 주도적인 역할을 하면서 이후 한국이 시장경제 질서에 참여할 수 있는 방향을 제시했고, 이는 1967년 마침내 한국이 GATT에 가입할 수 있는 기반이 되었다고 볼 수 있다. 1950년대 초반의 실패를 만회하려는 듯이, 1966~1967년 GATT 가입 협상에서 한국은 국내 경제 발전 상황과 대내외적 필요성을 면밀히 검토하고, 양허품목의 이해득실을 정확하게 파악하여 협상지침을 제시했다. 그리고 이로써 신속한 가입과 최소한의 비용 지불이라는 성과를 동시에 달성할 수 있었다.

1963년 7월 GATT 사무총장의 가입 권유 서한을 받고 GATT 가입에 관하여 관계 부처의 의견을 묻는 외무부 통상진흥과의 공문이 회람된 이래 주제네바대표부와 외무부·상공부·경제기획원·재무부의 검토 의견과 관련 상세 자료가 제출·교환되었다. 이후 3년여 기간의 검토 끝에 1966년 5월 GATT 가입 신청과 연내 가입 협상 완료, 1967년 국회 비준 및 3월 가입의정서(Accession Protocol) 서명에 이르기까지 일사천리로 진행되었다. 이러한 과정은 외교 현장에서 활약한 이들의 노고를 엿볼 수 있는 대목이다.

한국은 GATT 가입 이후 50년 동안 최혜국대우 원칙을 기반으로 하는 다자통상체제에서 기존 체약국의 관세양허 혜택을 받게 되어 교역규모가 비약적으로 성장했고, 수출 상대국 및 품목의 다변화를 통해서 안정적인 교역시장을 확보하게 되었다. 이후 GATT/WTO체제에서 한국은 규모에 있어서 세계 10대 통상국가의 반열에 올라섰는데, 이제는 정치·경제적 측면에서 전략적으로 통상의 국익을 극대화하여 진정한 의미에서 세계 10대 통상국가로서 발돋움해야 할 것이다. 이 점에서 한국의 GATT 가입 과정에서 보여준 통상외교의 헌신적인 노력은 현재와 미래의 통상외교 수행에 훌륭한 교훈이 될 것이다.

한국의 1967년 GATT 가입 협상

Ⅰ. 서론

한국은 GATT/WTO체제의 최대 수혜국이다. 1967년 GATT에 가입할 당시 한국은 세계 상품수출규모 제66위에 그쳤으나, 2015년에는 제5위 규모로 상승했다. 이는 GATT 가입 이후 30년 가까이 국제수지 적자를 이유로 수입규제를 하면서 다른 체약/회원국들의 시장을 적극적으로 활용할 수 있었기 때문이다. 또한 1995년 세계무역기구(WTO: World Trade Organization)체제가 출범한 이후에 미국·EU·일본 등과 FTA를 체결하여 양자적으로 해외시장을 적극적으로 확보한 것에도 주목해야 한다. 물론, GATT 가입 이후 한국의 통상에 위기가 없었던 것은 아니다. 1989년 GATT ⅩⅧ조 B항으로부터 졸업을 선언하여 국제수지를 이유로 하는 수입규제에 더 이상 의존할 수 없었고, 또한 1995년 WTO 출범과 함께 쌀시장을 개방할 수밖에 없었다. 이러한 위기에 대하여 한국은 GATT/WTO의 통상법 규범을 적극 활용했고, 이에 순응하기 위하여 통상담당 정부의 개편도 과감하게 추구했다.

GATT 가입 51년을 맞이하는 한국은 국내외적으로 전혀 예상하지 못한 정치·경제적으로 혼란스러운 상황에 놓여 있다. 특히 WTO체제에서 한국과 지속적인 경제 성장을 공유한 중국과는 사드 관련하여, 전통 우방인 미국의 새 행정부와는 미국 우선의 통상질서 재편과 관련하여 통상관계에서 위기를 맞고 있다. 이러한 통상관계의 위기를 극복하기 위해서는 우선 통상의 기반이 되는 국제경쟁력을 확보·제고할 필요가 있다. 국민총소득 대비 수출입 비중이 80%대인 한국은 이러한 통상관계 위기를 슬기롭게 극복해야 한다. 다행히 위기 극복의 DNA는 가까이는 한국의 1967년 GATT 가입에서, 보다 멀리는 한국전쟁의 큰 위기 중에서도 GATT에 가입하려 했던 상황에서 확인된다. 향후 GATT 가입 100주년을 기념하는 시점에서 그전 50년 동안 무엇을 기억하고 자랑스러워할 수 있을지 지금 우리 모두 고민하면서 슬기롭게 행동해야 한다. 과거 없는 현재가 없고, 현재 없는 미래도 없기 때문이다.

II. 1950년대 초 GATT 가입 추진 경과

한국은 1967년 4월 14일 GATT의 72번째 체약국,[1] 즉 회원국이 되었다.[2] 그러나 그로부터 16년 전인 1950년대 초반에 한국이 GATT의 제3차 다자 무역협상인 토키라운드에서 GATT에 무난히 가입할 수 있었던 상황은 잘 알려져 있지 않다.[3] 당시는 한국이 북한의 침공으로 한국전쟁을 치르면서 힘들고 어수선한 시기였음에도, 한국 정부는 GATT와 GATT 가입의 의의에 대하여 놀라울 정도로 올바른 이해를 가지고 있었다. 이 장에서는 한국의 1967년 GATT 가입 협상을 다루기 전에, 1950년 영국에서 수행된 GATT 토키라운드

---

1 외무부 국제경제과(1967. 3. 29), 「갓트 가입통보」, 외통국 763. 한국은 1967년 2월 가입한 바베이도스에 이어 72번째 GATT 체약국이 되었다. 다만, 현재는 1967년 당시 체약국이었던 체코슬로바키아가 1993년 체코와 슬로바키아로 분리된 이후 1993년 가입국으로 명시되어 있어서(https://www.wto.org/english/thewto_e/gattmem_e.htm), 자료에 따라서는 현재 기록을 기준으로 71번째 체약국으로 표기하는 경우가 있다. Patrick Macrory, Arthur Appleton, Michal Plummer(2005), "The World Trade Organization: Legal, Economic and Political Analysis," Volume I, Springer, p. 185 참조.

2 한국개발연구원(2011), 「2010 경제발전경험 모듈화 사업: 무역자유화」, p. 17. 1947년 채택되고 1948년 1월 1일 발효한 GATT는 국제기구가 아니라 조약이어서, 그 당사국은 GATT 체약국(contracting party)이라 불렸다. 이와 달리 1995년 출범한 세계무역기구(WTO: World Trade Organization)는 국제기구여서, 그 당사국은 회원국(member)이라 불린다.

3 'Torquay'의 국문 표기에 대해서는 YBM 및 교학사 영어사전 참조. https://endic.naver.com/enkrEntry.nhn?sLn=kr&entryId=613b5035db4d4dbd950a6ef55977768d.

결과 한국전쟁이 진행 중이던 1950~1953년 사이에 한국이 GATT에 가입할 수도 있었던 상황의 의미를 국제법과 협상의 측면에서 조명해보고자 한다.

1. 협상 배경과 중요 쟁점

한국이 토키라운드에서 GATT에 가입할 수도 있었던 사정은 1951년 9월 17일부터 10월 27일까지 당시 전규홍 주불공사가 한국 대표로서 스위스 제네바에서 개최된 GATT 체약국단 제6차 회기[4]에 참석하여 단기 4285년(서기 1952년) 2월 제출한 「GATT회의(會議)에 관한 복명서(復命書)」(이하 「복명서」)에서 비교적 자세하게 확인할 수 있다.[5] 「복명서」는 「의견서」, 「1951년 9월 제네바 국제관세무역회의 경과보고(國際關稅貿易會議經過報告)」(이하 「제6차 회기 보고서」), 「1950년 9월 '토-퀘이' 국제관세무역회의 개관(國際關稅貿易會議槪觀)」(이하 「토키

---

4   1950년 11월 2일부터 12월 16일까지 개최된 6차 회기에 30개 GATT 체약국, 14개 국가와 5개 국제경제기구가 옵서버로서 참여했다.

5   당시 전문위원으로 엄승환 세관국 지도과장이 함께 참석했다. 주불공사가 한국 대표인 것은 아마도 한국전쟁으로 어려운 사정에서 제네바에 가장 용이하게 접근할 수 있는 공관 대표였기 때문이었을 것이다. 흥미롭게도 이 보고서는 중국의 GATT 탈퇴에 관하여 국민정부가 중국 본토를 전부 상실하고 중공 정권이 수립되어 부득이 탈퇴한 것이라 소개했다. 「의견서」, p. 12. 「복명서」는 보고서를 의미한다. 「복명서」는 국가기록원이 보유하고 있는 한국 관련 GATT 자료들 중에서 가장 오래된 자료에 해당한다. 아래에서 GATT체제의 공식문서를 인용하는데, 다행히 최근에 GATT체제에서 생성된 공식자료가 스캔을 통하여 공개되고 있다. WTO 일반이 사회는 2006년 5월 15일 GATT체제에서 발간된 모든 공식문서를 공개하기로 결정했다. WTO, GATT documents, https://www.wto.org/english/docs_e/gattdocs_e.htm 참조. 또한 미국 스탠포드대학교도 이러한 데이터베이스를 유지하고 있다. Stanford University, GATT Digital Library: 1947-1994, http://gatt.stanford.edu/bin/search/simple/process?offset=1990&length=10&search=Search&query=Korea 참조.

라운드 개관」) 및 「ITO와 GATT의 해설(解說)」(이하 「ITO/GATT 해설」)로 구성된다.[6]

1) 협상의 배경과 경위

제2차 세계대전의 승리를 이끈 미국은 전후 세계질서에서 특히 서방진영의 리더로서 새롭게 자리를 잡았고, 이후 서독·일본과 함께 한국의 GATT 가입을 적극 지원했다. 예컨대, 미국은 1949년 8월 한국이 GATT 가입에 있어 제33조에 따른 가입에 아무런 법적인 장애가 없음을 선언했다.[7] 즉, 미국은 한국이 1948년 제정된 헌법에 따라 조약을 체결할 수 있고,[8] 1948년 12월 12일의 UN 총회 결의에서 한국 정부가 한반도의 유일한 합법 정부임을 확인했으며 UN 회원국 등이 한국과 관계를 수립하면서 이러한 사실을 고려할 것을 권고한 점을 GATT 체약국들에게 상기시켰다.[9] 안시(Annecy)에서 개최된 GATT 체약국단 제3차 회기에서 설치된 작업반(Working Party 10 of the Third Session)은 1949년 9월 런던에서 서독과 한국이 GATT에 가입할 자격이 있다고 결론을

---

6 「복명서」의 네 번째 구성 부분인 「ITO/GATT 해설」은 두 국제기구 및 조약에 대하여 비교적 상세하고 정확하게 기술했다. 흥미롭게도 GATT는 "항구적인 기관이 아니고 고유한 직원과 시설을 가지고 있지 않을 뿐만 아니라 잠정적으로 실시되고 있다는 점에서 실로 무력하다"고 설명한다. 「ITO/GATT 해설」, p. 76. 「ITO/GATT 해설」은 「제6차 회기 보고서」와 「토키라운드 개관」에 따라 쪽 번호가 이어진다.

7 GATT(1949. 8. 23), "Working Party 10 on New Tariff Negotiations, Statement by the Delegation of the United States regarding Certain Legal Questions relative to the Accession of the Republic of Korea to the General Agreement on Tariffs and Trade," GATT/CP.3/WP.10/3.

8 제헌헌법 제59조는 "대통령은 조약을 체결하고 비준하며 선전포고와 강화를 행하고 외교사절을 신임접수한다"고 규정한다.

9 당시 한국은 GATT 체약국들 중에서는 호주·중국·프랑스·네덜란드·영국·미국을 포함하여 22개 국가들의 승인을 받았고, 국제기구 중에서는 세계보건기구(WHO)의 회원국이었다.

내렸다.[10]

GATT 체약국단은 1950년 9월 28일 GATT의 제3차 관세인하협상을 개시할 예정이었고, 이에 GATT 사무총장(Executive Secretary)은 1949년 9월 28일 한국 외무부장관에게 한국이 GATT에 가입할 의향이 있는지, 그리고 이를 위하여 GATT 체약국들과 필요한 관세협상을 개시할 준비가 되어 있는지를 문의하면서 그에 대한 답변을 같은 해 10월 28일 전까지 제출하도록 요청하는 서신을 발송했다.[11] 물론 미국이 한국의 GATT 가입을 제안했다.[12] 다음에서는 「복명서」의 「의견서」를 중심으로 한국이 GATT의 제3차 다자무역협상인 1950년 9월 토키라운드에서 GATT에 가입할 수도 있었던 상황을 재조명해 본다.

[10] GATT(1949. 9. 30), "Future Tariff Negotiations, Report of Working Party 10 of the Third Session," GATT/CP/36. 한국과 함께 토키라운드에서 GATT 가입을 신청한 서독은 1951년 9월 1일 「토키의정서」에 서명하여 그 30일 후인 10월 1일 정식으로 가입했다. 「제6차 회기 보고서」, p. 7.

[11] GATT(1949. 9. 28), "Working Party 10, Future Tariff Negotiations, Enquiry concerning the participation of the Republic of Korea, Draft Telegram," GATT/CP3/WP10/2/7.

[12] 「의견서」, p. 23. 당시 아직 GATT 가입을 위한 협상을 개시하지 않은 한국을 포함한 28개 정부에게 GATT 가입 의사를 타진했다. 흥미롭게도 당시 체코슬로바키아는 한국('Southern Korea')이 강제선거의 결과 수립된 정부여서 승인하지 않았고, 또한 GATT 체약국단이 한국을 GATT 가입에 초청하는 것은 남북한의 차이를 넓혀서 장래 한국의 통일에 반한다는 이유로 반대했다. GATT(1949. 9. 28), "Working Party 10, Future Tariff Negotiations, Report of the Working Party," GATT/CP3/WP10/2/9/Rev.1. 쿠바 역시 비슷한 이유로 1966년 한국의 GATT 가입을 반대했다. GATT(1966. 6. 17), Minutes of Meeting Held at the International Labour Office, Geneva on 10 June 1966, C/M/36, p. 5.

2) 중요 쟁점

「복명서」의 「의견서」 첫 부분인 '관세(關稅) 및 무역(貿易)에 관(關)한 일반협정(一般協定)의 개요(槪要)'에서는 GATT의 목적, 개요와 주요 내용을 설명하는데, 이 내용들은 놀랍게도 현재의 통상법 관련 입문 교재로서도 손색이 없을 정도로 GATT의 중요 규정, 쟁점과 이에 관련된 한국의 이해에 대하여 간결하면서도 정확하게 기술하고 있다.[13]

첫째, 「의견서」는 GATT의 가장 중요한 첫째 규정으로서 GATT 제I조의 '최혜국대우(最惠國待遇)의 보증(保證)'을 소개한다. 특히 제네바라운드(Geneva Round)에서 안시라운드(Annecy Round)를 거쳐 토키라운드까지 GATT 체약국들 상호 간에 체결된 특혜관세율이 총계 5만 8,800개 항목에 달하는데 한국은 31개 항목에 달하는 관세율 양보를 협정했다.[14] 한국의 31개 항목의 특혜관세율은 가장 적은 양보라고 하는데,[15] 한국이 「토키의정서」에 서명하여 가입이 결정되면 위 5만 8,800개 항목에 대한 특혜관세율의 적용을 받아서 한국이 수출무역에서 얻는 혜택은 막대할 것이라고 평가했다.[16]

둘째, 「의견서」는 GATT의 가장 중요한 둘째 규정으로서 GATT 제XI조의 '수량적 제한(數量的制限)의 일반적 제거(一般的除去)'를 소개한다. 흥미롭게도 「의견서」는 '현실에 즉응하는 의미에서' 인정된 동 규정에 대한 예외로서 "전

---

13 예컨대, 당시 전규홍 주불공사는 GATT 체약국단 회기를 "관세와 무역에 관한 제반 장해의 제거와 일반협정 위반에 대한 심리관결을 하는 등 세계적 규모에서 통상 문제를 토의해결하는 유일한 무대"라고 이해했다. 「제6차 회기 보고서」, p. 1 참조.

14 「의견서」, pp. 5-6.

15 「의견서」, p. 6.

16 「의견서」, p. 6.

쟁으로 인하여 물자부족을 경험하는 국가가 가격통제를 위하여 필요할 때"와 "전쟁으로 인하여 생긴 과잉물자의 정리를 위하여 필요할 때"를 예시했다.[17] 이러한 과도적 조치는 1951년 1월 1일까지 예외적으로 인정되도록 합의되었으나, GATT 체약국단 제5차 회기에서 당시 한국전쟁으로 인하여 사정이 여의치 않아서 1년 연장하기로 합의했다. 그러나 여전히 사정이 개선되지 않아서 GATT 체약국단 제6차 회기에서 다시 2년 연장하여 1954년 1월 1일까지 계속 유지하기로 결정했다.[18] 「의견서」는 이러한 수량적 제한이 전쟁과 같은 부득이한 경우에만 인정되어서, 각 GATT 체약국은 한국이 전쟁 상태에 있다는 것을 잘 인식하고 있기 때문에 이와 같은 제한 조치를 용이하게 승인할 것이라고 판단했다.[19] 또한, 「의견서」는 GATT 제XIII조의 비차별대우 원칙에 따라 수량적 제한이 차별적으로 적용되지 못하지만, 전후과도기의 조치는 비차별 원칙에 대한 예외를 규정한 GATT 제XIV조에 따라 비차별대우의 예외가 허용된다고 밝혔다.[20] 남아공, 세이론(스리랑카), 智利(칠레), 인도, 영국, 미국 등이 이러한 이유로 수량적 제한의 승인을 받았다고 한다.[21]

셋째, 「의견서」는 GATT의 가장 중요한 다섯째 규정으로서 수입상품에 부

---

17 이러한 예외의 근거로서 GATT XX조가 거론되었는데, GATT XX조는 일반적 예외를 규정하고, 또한 전쟁과 같은 안보적 예외는 GATT XXI조에 규정되어 있다.

18 「제6차 회기 보고서」, pp. 5-6.

19 「의견서」, p. 7.

20 GATT XIV조는 국제수지 방어를 목적으로 XII조 또는 VIII조 B항에 따라 취하는 수량제한 조치에 대하여 GATT 체약국단의 동의를 얻어서 수량제한 조치의 비차별적 적용을 규정한 XIII 조의 예외를 허용한다. 이 규정은 '전후과도기'를 명시하고 있지는 않지만, 국제수지 방어가 필요한 상황에 해당할 수 있을 것이다.

21 「의견서」, p. 7.

과하는 '관세(關稅)의 평가(評價)'를 소개한다. 당시 한국 세관은 시가역산법(市價逆算法)을 실시하고 있었는데, 이는 외화와의 기준환산율이 일반적으로 적용되지 않고 국제적으로 통용되지 않는 것이어서 한국이 GATT에 가입하게 되면 미국 달러에 대하여 6,000 대 1 또는 다른 적당한 기준환산율을 정하여 운임보험료 포함가격(CIF: Cost Insurance Freight)을 그 비율로서 환산한 것을 과세가격으로 해야 할 것임을 밝혔다.[22]

2. 협상의 전개 과정과 협상전략

1) 협상의 전개 과정

한국은 1950년 9월 28일부터 영국 토키에서 개최된 토키라운드에 옵서버로 초청을 받아서 '윤치창 주영공사'가 한국 대표로 참석했다.[23] 한국은 GATT 가입의 '규칙과 절차(Rules and Procedure)'의 규칙8과 규칙9를 충족하지 않았지만,[24] 1950년과 1951년의 토키라운드 관세협상에 참여했고, 이에 따라 한국

---

22 「의견서」, p. 9. 1950년 1,800대 1의 환율이, 1951년 2,500대 1, 1952년 12월에는 6,000대 1로 급등했다. 전범성(1984), 『정주영-현대창업비화: 실록기업소설』. 1952년 4월 당시 각종 외환 보유 상태를 보면 정부외환 2,000만여 달러, 한은 10만여 달러, 중석 196만 달러, 무역계정 약 200만 달러 정도로 전체 2,500만 달러에 불과했다고 한다. 『평화신문』(1952년 4월 1일자), http://db.history.go.kr/item/level.do?levelId=dh_025_1952_04_01_0060 참조.

23 「의견서」, p. 20. 토키라운드와 GATT 체약국단 제5차 회기가 병행해 진행되었는데, 토키라운드는 1951년 4월 21일 종료했다. 「토키라운드 개관」, p. 23. 「토키라운드 개관」 문서의 쪽수는 「제6차 회기 보고서」에 이어서 매겨진다. 당시 주영공사로는 윤치창 공사가 재임 중이었다. 주영국대한민국대사관 공관약사, http://overseas.mofa.go.kr/gb-ko/wpge/m_8369/contents.do 참조.

연도	1950년	1967년	2015년
금액	2,687.25달러	9,000달러	약 5,577,393달러

은 당연히 GATT에 가입할 것으로 예상되었다.[25] 한국의 GATT 가입에 대하여 당시 34개 GATT 체약국들 중에서 25개 GATT 체약국들이 동의를 하여 가입 요건인 전체 GATT 체약국들의 3분의 2 이상의 동의를 획득했다.[26] 한국의 관세양허표는 「토키의정서」 부속명세표 제34호로 편입되었다. 한국에는 필리핀과 함께 1951년 GATT의 분담금으로 2,687.25달러가 할당되었다.[27] 따라서, 한국은 1951년 4월 21일 체결된 「토키의정서」에 서명만 하면 언제라도 가입이 정식으로 결정되고, 그 서명일로부터 30일 만에 효력이 발생하도록 되어 있었다.[28]

---

24 1951년 GATT 체약국단 제6차 회기에서 GATT 체약국단은 GATT 체약국의 가입절차를 정했다. 체코슬로바키아가 한국의 참가를 반대했지만, 미국 등 대다수 GATT 체약국들의 찬성으로 참가가 결정되었다. 「토키라운드 개관」, p. 30.

25 GATT(1962. 10. 26), "Summary Record of the First Meeting Held at the Palais des Nations, Geneva, on Tuesday, 23 November, at 2. p.m.," SR.20/1. 한국과 함께 오스트리아·서독·페루·필리핀·터키·우루과이가 GATT 가입을 위하여 초청되었다. 「ITO/GATT 해설」, p. 57.

26 「의견서」, p. 13.

27 GATT(1952. 2. 15), "Statement of Contributions received and Contributions Outstanding as at 31 JANUARY 1952," GATT/CP/142.

28 「의견서」, pp. 13-14.

2) 협상전략 및 준비

한국의 GATT 가입을 위한 준비는 다음과 같이 정리될 수 있다. 첫째, GATT에 대한 분담금 송부에 관하여, 외무부는 1952년 6월 15일 제네바에서 개최되는 GATT 체약국단 제7차 회기의 경비부담금으로 미화 '2,669달러 25센트'를 같은 해 4월 30일 전에 GATT 사무국에 송금해야 했다.[29] 둘째, 회의 자료 준비에 관하여, 관계 부처는 준비위원을 선출하여 회의에 휴대할 다음의 서류를 국문과 영문으로 작성해야 했다.[30]

> 「관세교섭에 필요한 자료(재무부)」; 「GATT XI조 내지 XIV조 및 XIX조에 따른 제한 조치의 예외규정 적용에 관한 요청서(재무부/상공부)」;[31] 「환협정에 관한 협의자료(재무부)」;[32] 「구주관세(유럽석탄철강공동체)의 일률적 인하에 관한 의견서(재무부)」; 「국제상업회의소결의에 관한 의견서(재무부/상공부)」, 「ITO헌장 3, 4, 6조 편입에 관한 의견서(재무부/상공부)」;[33] 「GATT 운용에 관한 의견서(재무부/상공부)」; 「GATT III조 내지 IX조, XVI조 내지 XVIII조와 XX조 및 XXI조 규정의 적용에 관한 자료(재무부/상공부)」;[34] 「GATT X조

---

29 「의견서」, p. 15. 한국의 분담금은 제7등급으로서 총계 117단위의 1단위에 해당했다. 1952년도 GATT 총예산액은 31만 2,302.25달러였다. 「제6차 회기 보고서」, p. 21.

30 「의견서」, pp. 16-17.

31 GATT XI조는 수량제한의 일반적 제거, GATT XII조는 국제수지 방어를 위한 제한, GATT XIII조는 수량제한의 비차별적 관리, GATT XIV조는 비차별 원칙에 대한 예외를 규정하고, GATT XIX조는 특정 상품의 수입에 대한 긴급 조치를 규정한다.

32 GATT XV조는 GATT 체약국단과 IMF의 외환 문제와 수량제한 등 통상 조치에 대한 협력을 규정한다.

33 ITO헌장, 즉 하바나헌장(Havana Charter)의 제3조는 국내 고용의 유지, 제4조는 국제수지 불균형의 제거, 제6조는 대외적 인플레이션 또는 디플레이션 압력을 받는 회원국의 방어 조치를 규정한다.

규정에 관한 자료(재무부/상공부)」[35].

당시 GATT는 관세인하가 주된 목적인 점에서 GATT 가입에 있어서 정부 내에서도 재무부의 역할이 더욱 컸던 것으로 보인다.

셋째, 대표단의 구성에 관하여, GATT 체약국단 제7차 회기는 토키라운드에서와 같은 관세교섭을 하지 않을 것이어서 GATT 체약국단 제6차 회기의 예를 따르는데, 다른 GATT 체약국들이 최소 5명에서 최대 40명까지의 대표로 구성되고, 대체로 관세, 무역, 금융 및 외교 계통의 전문가이며 또한 그 대표의 과반수는 과거의 회의에 여러 번 참석한 경험자들임을 확인했다.[36] 특히 GATT 체약국단 제6차 회기에 초청을 받지 않은 일본이 자진 신청하여 옵서버로서 참가하면서 3명의 전문가를 파견한 점도 고려했다.[37]

이에 한국이 「토키의정서」에 서명하여 GATT 체약국단 제7차 회기에 GATT 체약국으로서 의결권을 가지고 또한 부문별 작업반회의(working party)에도 참석해야 하므로, 각 부문별 사무량의 비중에 따라 관세 2명, 무역 1명, 금융 1명, 외교 1명의 비례로 최소 5명의 대표를 파견할 필요가 있다고 판단

---

34 GATT III조는 내국세와 규제에 관한 내국민대우, GATT IV조는 영화에 관련된 특별규정, GATT V조는 통과의 자유, GATT VI조는 반덤핑 및 상계관세, GATT VII조는 세관 목적의 평가, GATT VIII조는 수입과 수출에 연계된 비용과 절차, GATT IX조는 원산지 표시를 규정한다. GATT XVI조는 보조금, GATT XVII조는 국영무역기업, GATT XVIII조는 경제 개발에 대한 정부 지원을 규정한다. GATT XX조는 일반적 예외, GATT XXI조는 안보예외를 규정한다.

35 GATT X조는 무역 규정의 공포와 관리를 규정한다. 「의견서」, pp. 15-16.

36 「의견서」, pp. 16-17.

37 「의견서」, p. 17.

했다.[38] 이러한 대표단의 구성 제안에서 볼 때, 당시 어려운 경제·정치 상황에서도 GATT 체약국으로서 책임 있는 활동을 하겠다는 의지가 보인다. 또한, 「토키의정서」는 파리 UN 총회 사무국에서 서명하기로 되어 있었으나, 파리총회 종료 후에는 UN 본부에서 서명해야 하므로 주미 한국대사관을 통하여 UN 본부에 연락해야 할 것임을 밝혔다.[39]

3) GATT 가입 득실의 자체 평가

「의견서」는 한국의 GATT 가입의 득실을 경제적인 측면과 정치적인 측면에서 다음과 같이 설득력 있게 설명했다. 첫째, GATT 가입의 실질적 효과는 관세의 양보, 즉 양허와 차별대우의 제거에 있다고 정확하게 지적했다. GATT 체약국들은 전후 5년 동안 제네바라운드·안시라운드·토키라운드에서 다각적인 관세교섭을 한 결과 총계 417개 표에서 5만 8,800개 항목에 달하는 관세양허를 성취했다. 이 과정에서 각 GATT 체약국은 모두 수백 내지 수천 개 항목에 달하는 양허를 했지만 한국은 토키라운드에서 불과 31개 항목의 양허를 했음이 강조되었다.

이렇게 한국이 미소한 양허로 GATT에 가입할 수 있었던 것은 한국전쟁 중인 한국에 각국의 동정이 집중되었고, 그 결과 시장개방이라는 한국의 손실을 의미하는 관세양허의 요구가 적었다고 설명했다.[40] 한국은 이러한 양허에 따라 약 10억 원(圓)의 감수(減收)가 예상되지만, 최혜국대우의 결과 다른 GATT

---

38 「의견서」, p. 17.
39 「의견서」, p. 14.
40 「의견서」, pp. 17-18.

체약국으로부터 5만 8,800항목에 달하는 특혜세율의 적용을 받게 됨으로써 한국의 수출품 대부분이 혜택을 받게 되어 한국의 수출무역에 큰 도움이 될 것이라고 설명했다.[41] 그리고 그와 함께 한국 산품에 대하여 일체의 차별대우가 제거되는 혜택도 받을 것이라고 강조했다.[42] 둘째, GATT 가입의 정치적 효과로서, 한국이 한국전쟁 중에 있음에도 토키라운드에 대표를 파견한 데 대하여 GATT 체약국들이 많은 호평을 했다고 평가했다. 한국이 「토키의정서」에 서명을 하면 한국은 세계 무역의 80% 이상을 좌우하는 GATT 체약국들과 상호 이해를 깊게 하고, 이후의 국제적인 무역 발전에는 물론, 한국 부흥에 대한 경제 원조에도 크게 긍정적인 영향을 줄 것이라고 설명했다.[43]

「의견서」는 한국의 GATT 가입이 지연되는 경우에 받을 영향도 소개했다. 우선, 한국이 GATT 가입을 지체하면, 정치적으로 아주 좋지 않은 인상을 줄 것이고, GATT 체약국들과의 무역관계에서도 불리한 입장에 처하게 될 것이라고 밝혔다.[44] 이와 함께 의견서는 한국이 GATT에 가입한 후 뜻하지 않은 사태의 발생이나 그 가입에 따른 중대한 손실을 보게 될 경우 부과된 양허나 의무를 철회, 수정 또는 변경하거나 경우에 따라서는 GATT에서 자유로이 탈퇴할 수 있음도 분명히 밝혔다.[45] 따라서 GATT에서 허용하고 있는 의무면제와 궁극적으로 탈퇴도 활용할 수 있기 때문에, 한국의 GATT 가입이 지체되지 말

---

41 「의견서」, p. 18.
42 「의견서」, p. 18.
43 「의견서」, p. 18. GATT 체약국들 중에서 30개 GATT 체약국들이 한국에 대한 경제적 원조를 하고 있다고 밝혔다.
44 「의견서」, p. 19.
45 「의견서」, p. 20.

아야 함이 강조된 것이다.

또한, 「의견서」는 GATT의 호혜적 특성을 의무 불이행의 관점에서 정확하게 파악했다. 즉, GATT 의무의 불이행을 제재하는 규정은 없고, GATT가 호혜협정이기 때문에 단지 특혜를 정지하면 상대방도 특혜를 정지하게 될 뿐이고, "강대(强大)한 법적(法的) 기초(基礎)에 의한 구속(拘束)보다는 자발적(自發的) 협력(協力)"에 의하여 호혜적 통상의 목적을 달성하자는 것으로서 수많은 예외 규정을 통해 규정의 적용에 관해 탄력성 있는 운용을 하고 있다고 평가했다.[46]

4) GATT 가입에 대한 미국의 역할 및 한국과 일본의 경쟁의식

미국은 1947년 7월 4일자 문서 E/PC/T/W/236에서 군정 아래의 독일, 일본 및 한국과의 관계에 관한 의정서 초안을 준비위원회에 제출할 것임을 밝혔다.[47] 이에 미국은 다음과 같은 의정서 초안을 제안했다.

GATT서명국들은 독일, 일본과 한국이 가능한 대로 GATT와 국제무역기구(ITO) 헌장의 완전한 의무를 부담하는 것이 바람직함을 인정한다.[48]

---

46 「의견서」, p. 13.
47 전규홍 주불공사는 1952년 현재 세계 무역액의 5분의 4 이상을 점하는 37개 GATT 체약국의 GATT로서 더 이상 GATT 체약국의 확대를 기대하기 어려운 상황에서 서독과 일본 등 군사 점령 아래에 있는 지역의 가입이 주목을 받은 것으로 설명했다. 「ITO/GATT 해설」, pp. 72-73.
48 UN Economic and Social Council(1947. 8. 29), "Second Session of the Preparatory Committee of the United Nations Conference on Trade and Employment," E/PC/T/W/311. 동 의정서 초안 원문은 다음과 같다. "The governments signatory to the General Agreement on Tariffs and Trade, dated, 1947, recognize the desirability that Germany, Japan and Korea as soon as is practicable assume the full obligations of said Agreement and of the Charter for

이에 미국은 프랑스 안시의 GATT 체약국단 제3차 회기에서 설치된 작업반(Working Party 10 of the Third Session)이 일본이 제3차 다자무역협상인 토키라운드에 참여하도록 권고하지 못한 점에 실망을 표시했다. 그럼에도 미국은 작업반의 다수가 궁극적으로 일본이 통상우호국가들(comity of trading nations)에 포함되어야 한다고 동의한 점에는 만족을 표명했다. 이로써 미국은 한국과 함께 일본의 GATT 가입도 적극 추진한 것으로 보인다. 미국은 안시에서 1950년 9월 예정된 제3차 무역협상에서의 서독·한국·일본의 참여에 대하여 합의되지 않은 점을 거론하면서, 1949년 9월 22일 특히 일본과 서독의 GATT체제 편입의 필요성을 강조했다.[49]

한국이 GATT에 가입할 수 있었던 1950년대 초반 당시 정부는, 특히 GATT 체약국단 제6차 회기에 참석한 전규홍 주불공사 등 한국대표단은 한국이 일본보다 먼저 GATT에 가입해야 한다고 믿고 있었다. 한국과 일본은 현재에도 미묘한 관계에 있지만, 불과 5년 전까지 일본의 식민지배를 받은 당시로서 한국 정부는 국제사회에서 일본과의 관계에 대해 민감할 수밖에 없었을 것이다. 이런 상황에서 미국이 한국과 함께 서독과 일본의 GATT 가입을 독려했지만, 흥미롭게도 영국 등이 일본의 GATT의 가입에 반대하고 있었다.[50] 즉,

the International Trade Organization."

49 GATT(1949. 9. 27), "Working Party 10, Future Tariff Negotiations, Statement Circulated to the Contracting Parties by the Government of the United States of America on September 22, 1949," GATT/CP3/WP10/2/6. 결국 독일(서독)은 1951년 10월 1일, 일본은 1955년 9월 10일, 한국은 1967년 4월 14일 GATT에 가입했다.

50 예컨대, 미국은 제6차 회기에서 토키라운드와 같은 정식 '라운드'를 개최하지 않고서도 신규가입국의 관세교섭을 할 수 있는 간이한 방법을 제안했는데 영국은 일본과 같은 '대무역국'을 이러한 간이 조치에 따라 가입시키는 것은 폐해가 있다고 강조했다. 「제6차 회기 보고

GATT 체약국단 제3차 회기에서 설치된 작업반은 1949년 9월 런던에서 일본에게 GATT 가입 의사를 묻는 것이 바람직한지 토의했으나, 대부분이 반대했다.[51] 그럼에도 미국의 지지를 받은 일본은 GATT 가입을 위해 크게 노력했다. 즉, GATT 체약국단 제6차 회기에 초청을 받지 않은 일본은 자발적으로 신청하여 옵서버로서 회의에 참가했는데, 3명의 전문가를 파견함으로써 GATT 가입에 대한 관심을 크게 드러낸 것으로 볼 수 있다.[52]

일본은 1952년 8월 5일 GATT 사무총장에게 GATT 체약국단 제7차 회기에도 옵서버로 참여할 의사를 통고했다. GATT 체약국단은 일본에게 GATT 체약국단 제6차 회기에서의 옵서버 지위를 제공했고 또한 일본의 GATT 가입을 위한 협상 개시 요청이 의제에 포함되어 있는 사실을 고려하여 일본의 옵서버 지위 요청을 수락했다.[53] 전규홍 주불공사는 GATT 체약국단 제7차 회기에서 일본의 정식 가입이 결정될 것으로 예상하면서, 한국이 일본보다 늦게 GATT에 가입하게 된다면 정치적으로도 경제적으로도 대단히 불리한 입장에 놓이게 될 것이라고 간파했다.[54] 결국 일본은 1955년 9월 10일 GATT에 가입하게 되었으니, 1967년 가입한 한국보다 12년 앞선 것이었다.[55]

서」, p. 16.

51 GATT(1949. 9. 28), "Working Party 10, Future Tariff Negotiations, Report of the Working Party," GATT/CP3/WP10/2/9/Rev.1.

52 「의견서」, p. 17.

53 GATT(1952. 9. 29), "Admission of Observers to the Seventh Session," L/27.

54 「의견서」, p. 19. 당시 한국은 일본과 국교를 정상화하지 않은 상황이었고, GATT XXXV조 제1항(b)에 따라 한 GATT 체약국이 GATT에 가입할 당시 어느 GATT 체약국도 그들 사이에서 GATT 또는 관세양허의 적용에 동의하지 않을 수 있어서, 자칫 한국과 일본은 서로에게 동 조항을 원용할 수 있었을 것이다.

3. 협상의 결과 및 평가

1) GATT 가입 무산

GATT 체약국단은 1950년 12월 15일 관세협상위원회가 제출한 「토키최종의정서(Final Act of Torquay)」, 「가입동의 결정(Decisions Agreeing to Accession)」, 「GATT에 대한 토키의정서(Torquay Protocol to the General Agreement)」 및 「GATT 양허표의 지속적 적용의 선언(Declaration on the Continued Application of the Schedules to the General Agreement)」을 승인했고,[56] 「토키의정서」는 1951년 10월 21일까지 서명하도록 결정되었다. 그러나 전시 상황에서 한국은 1951년 9월 GATT 사무총장에게 「토키의정서」 서명 시점의 연기를 요청했고,[57] GATT 체약국단은 한국이 1952년 3월 31일까지 서명을 연기할 수 있도록 결정했다.[58] 이후 1952년 4월 4일 한국은 무역관계를 혼란하게 한 당시 전시 상황을 이유로 6개월의 서명 연기를 다시 요청했고,[59] GATT 체약국단은 1952년 10월 15

---

55 Japan and the WTO, https://www.wto.org/english/thewto_e/countries_e/japan_e.htm 참조.

56 GATT(1950. 12. 18), "Document to Imbody the Results of the Torquay Negotiations, Report of the Legal Working Party of the Tariff Negotiations Committee(As approved by the Committee for transmission to the Contracting Parties), Addendum," GATT/CP.5/46/Add.1.

57 당시 한국과 함께 이탈리아도 「토키의정서」의 서명 시점 연기를 요청했는데, 동 GATT 문서에 따르면, 이탈리아 요청은 의정서의 비준(ratification)을 연기하는 것이고, 한국은 의정서의 서명(sign)을 연기하는 것이었다. GATT(1951. 9. 18), Contracting Parties-Sixth Session-Torquay Protocol-Addendum-Requests by the Governments of Italy and Korea for Extension of Time to Sign the Torquay Protocol, GATT/CP.6/6/Add.3.

58 GATT(1952. 9. 30), "The Torquay Protocol, Requests for Extension of the Time, Limit for Signature," L/30. 한국과 함께 브라질·니카라과·우루과이·필리핀의 서명 연기가 결정되었다.

59 GATT(1952. 7. 16), "Signature of the Torquay Protocol, Requests for Further Extension of the

일까지 서명의 연기를 결정했다.[60] 1952년 이후 한국은 공식적으로 「토키의정서」의 서명 연기를 요청하지 않았지만, GATT 체약국단은 한국에게 1953년 5월 21일 전까지 서명의 연기를 결정했다.[61] 그러나, 결국 한국은 휴전협정 체결 직후인 1953년 8월 「토키의정서」의 서명 기일이 만료됨에 따라 서명하지 않은 것으로 확정되었다.[62]

2) GATT 가입 무산의 배경

한국은 미소한 양허를 부담하는 아주 쉬운 조건으로 GATT에 가입할 수 있었음에도, 결국 「토키의정서」에 서명을 하지 못하여 GATT 가입이 무산되었다. 이렇게 된 사정은 적어도 다음과 같이 설명될 수 있다.

첫째, 조약으로서 GATT 가입의 국내 절차의 어려움이다. GATT는 조약으로서 대통령이 비준을 해야 하고 또한 그 비준은 국회의 동의를 받아야 한다.[63]

Time Limit for Signature," L/12.

60 GATT(1952. 9. 30), "The Torquay Protocol, Requests for Extension of the Time, Limit for Signature," L/30. 한국에 대한 서명 연기는 27개 GATT 체약국들 찬성과 1개 GATT 체약국의 반대로 결정되었다. GATT(1952. 9. 5), "Requests for Further Extension of the Time Limit for Signature, Addendum, Decision of 15 July 1952 Granting a Further Extension of the Time Limit for Signature of the Torquay Protocol," L/12/Add.1. 이렇게 의정서의 서명이 연기되도록 결정된 것은 한국에 국한한 것은 아니고, 영국 등 관련 국가의 '국회의 인준 또는 기타 행정상의 절차'를 이유로 인정되었다. 「제6차 회기 보고서」, p. 7.

61 GATT(1952. 11. 5), "Status of Protocols and Schedules and Draft Decisions Extending the Time for Signature of the Torquay and Annecy Protocols, Addendum," L/53/Add.1.

62 GATT(1953. 8. 11), Status of Protocols, G/41/Rev.2.

63 「의견서」, p. 14. 제헌헌법 제59조에 따라 대통령은 조약을 체결하고 비준한다. 제72조에 따라 조약안은 국무회의의 의결을 받아야 한다. 또한 제42조에 따라 국회는 통상조약 등의 비준에 대하여 동의권을 가진다.

대통령의 비준 전에 재무부·상공부·외무부 및 기획처[64] 등 관계 부처의 합의를 얻어 국무회의의 의결을 받아야 하는데, 「의견서」는 이러한 절차의 이행에 상당한 시간을 요하게 되어 다소의 기일 연장이 불가피하다고 보았다.[65]

둘째, GATT 가입이 한국의 경제 성장에 중요한 발판이 될 것이었지만, 그럼에도 1950년대 초반 GATT 가입이 무산된 것은 당시 정부의 GATT에 대한 이해의 부족이 큰 이유가 될 것이다. 즉, 「의견서」는 한국이 토키라운드에서 관세양허와 GATT 가입을 약속했음에도 「토키의정서」의 서명을 지체한 것은 당시 GATT에 관한 충분한 정보를 입수하지 못하여 서명에 자신을 갖지 못했기 때문이라고 설명했다.[66] 이에 따라 1951년 9월 17일부터 10월 27일까지 당시 전규홍 주불공사 등 2명의 대표단이 제네바에서 개최된 GATT 체약국단 제6차 회기에 참석하여 GATT 가입에 관한 충분한 자료를 확보하게 된 것이다. 전규홍 주불공사는 한국이 GATT 가입을 더 이상 주저할 이유가 없고, 한국전쟁 이후 국제무역 의존도가 점차 확대되어 가는 시점에서 물자도입을 원활하게 할 필요에서나 현재 UN의 경제적 원조를 받고 또한 장래에도 계속 받아야 할 처지로서 한국이 GATT에 정식으로 가입하여 국제적으로 협조하는 것이 가장 현명한 길이라고 확신했다.[67] 전규홍 주불공사의 이러한 판단은 당

64 '기획처'는 당시 「의견서」 14면에 기재된 정부기관으로서, 1948년 11월 4일 정부 수립으로 발족된 후 1955년 2월 16일 부흥부로 개편되었다. 정부조직법(법률 제1호, 1948. 7. 17 제정) 제30조 및 제34조 참조.

65 「의견서」, p. 14. 제헌헌법 제72조 제2호에 따라 조약안 등 중요한 대외정책에 관한 사항은 국무회의의 의결을 경하여야[거쳐야] 한다.

66 「의견서」, p. 20. 한국은 1950년 「토키의정서」를 비준하지 못한 이유로서 1950년부터 3년 동안의 한국전쟁 및 그 이후의 경제 부흥을 위한 준비의 어려움을 제시했다.

67 「의견서」, p. 20.

시의 한국의 사정에서 적확한 것이었고, 그의 판단이 현실화되지 않은 것은 크게 아쉽다.

셋째, 한국이 당시 GATT에 가입하지 못한 가장 결정적인 이유는 한국전쟁 중이라 가입에 진력할 수 없었기 때문일 것이다. 당시 한국은 전쟁 중에도 영국과 프랑스 주재 공사를 토키라운드와 GATT 체약국단 제6차 회기에 참석하게 할 정도로 GATT 가입의 필요성을 인정한 것으로 보인다. 그러나 본국의 관련 부처가 관여하여 GATT 가입을 준비하기에는 역부족이었을 것이다. 한국의 GATT 가입의 진행 기간은 한국전쟁 기간과 일치한다.

3) 평가

「복명서」의 분석을 통하여 1950년대 초 토키라운드에서 한국의 GATT 가입을 위한 협상은 영국 주재 공사가 맡았고, 이후 「토키의정서」 서명을 통한 GATT 가입의 실현은 프랑스 주재 공사가 맡은 것으로 보인다. 한국전쟁 기간과 거의 일치하는 「토키의정서」 서명 기간에 한국은 결국 GATT 가입에 실패했지만, 소수 외교관들을 중심으로 GATT 가입을 위해 노력한 사실은 후일 한국이 1967년 GATT 가입할 수 있도록 한 중요한 기초가 되었을 것이다. 또한 일본의 식민지배로부터 독립한 지 불과 5년 만에, 그리고 한국전쟁이라는 어려운 국내외적 상황에서도 한국이 미국의 지원을 받아 GATT 가입을 도모했고 일본보다 먼저 GATT에 가입할 수도 있었던 상황은 한국이 향후 국제사회에서 어떤 어려움도 극복하고 발전할 수 있다는 가능성을 보여준다고 할 수 있다.

Ⅲ. 1967년 GATT 가입 추진 경과

1. 협상 배경과 중요 쟁점

1) 협상 배경과 경위

GATT 협정은 관세의 양허와 일정 수준을 전제로 한 체약국 간의 비차별 원칙을 그 기본 원칙으로 하고, 관세와 수량제한의 종국적인 철폐라는 세계 무역의 자유화를 그 최종 목표로 하는 다목적적인 일반협정으로 발족했으며, 1960년대 당시 세계 무역을 다루는 중요한 국제기구로 발전하여 70개국 이상이 참여하여 세계 무역의 80% 이상이 다루어지고 있는 포럼으로 평가되고 있었다.[68]

한국은 1961년 이후 수출 주도의 성장 우선정책을 추진했고, 수출 주도 경제 성장은 1962년 실시된 제1차 경제개발 5개년계획을 시작으로 구체화되었다. 종전의 복수환율제도는 단일변동환율제도로 전환하여 외환수급 사정에 따라 환율이 신축적으로 변동될 수 있게 했고, 한국은행의 자동재할인을 통한 수출신용 지원 및 수출용 원자재 수입에 대한 관세면제 등의 금융과 세제를 포

---

68 외교부(1966), 「GATT 가입문제의 고찰: 이해득실을 중심으로」, 1쪽. 김호칠(1968), 『한국무역구조의 실증적 연구』, 동아논총, 663쪽에서 재인용.

괄하는 종합적인 수출지원체제를 마련했다. 또한 1964년에는 대한무역투자진
흥공사(KOTRA: Korea Trade-Investment Promotion Agency)를 설립하여 수출업자들
의 해외시장 개척활동을 지원했고, 그해 11월 30일에는 사상 처음으로 수출 1
억 달러를 돌파했다.

　이러한 한국의 대외경제정책의 변화 외에 GATT에서도 개발도상국에 대한
대우의 변화가 있었다. GATT가 채택된 1947년에는 원 체약국 23개 국가 중
10여개 국가가 개발도상국이었음에도, GATT의 일괄적 의무적용 방식에 따라
개발도상국에 대한 특별한 혜택이 심도 있게 고려되지 않았다. 그러나 1960년
대 중반 GATT에는 1960년대 초에 신생 아프리카 국가들이 GATT에 대거 가
입하게 됨에 따라, 선진국과 개발도상국도 포함하는 국제기구로서 도약하고
자 하는 분위기가 형성되었다. 이후 GATT의 개정을 통해 체약국들이 특정 산
업의 설립, 개발 또는 복원을 위해 보호 조치를 취하는 것을 허용했고, 국제수
지 목적을 위한 수량제한 조치의 적용 요건을 완화했다. 또한 UN에서는 1964
년 무역과 개발 문제를 다루는 국제연합무역개발회의(UNCTAD: United Nations
Conference on Trade and Development)가 설립되었고, GATT는 이에 대응하여 개
발도상국에 대한 이해관계를 더 강력히 대변하고자 '제4부 무역과 개발' 편을
새로이 포함시키게 되었다.

　이와 같이 개도국을 위한 무역환경의 변화를 기반으로 정부는 1963년 7월
윈덤 화이트(Wyndham White) GATT 사무총장의 가입 권유 서한을 받고, 세계
무역고의 3분의 2 이상이 GATT 가입국에 의하여 이루어지고 있음을 참작하
여 동 기구 가입에 대하여 신중하게 검토할 것을 논의했다.[69] 특히 GATT 사
무총장의 서한에 따르면 종래에는 상호 동등한 관세양허가 GATT 가입의 전

제조건이었으나, 개도국에 대하여 이러한 양허조건이 완화되었다는 점도 고려했다. GATT 사무총장의 가입 권유 이후 당시 이한빈 주제네바대표부공사는 GATT 사무총장을 면담하고 GATT 가입의 타당성을 검토하기 위하여 정부 관계 부처의 의견을 구하는 공문과 관련 자료를 발송하는 등 대내외적으로 노력을 기울였다.[70] 1964년 10월경 정일영 주제네바대표부대사가 부임한 이후에는 GATT 가입을 위해 당시 제네바대표부의 조광제·전순규 서기관과 함께 정부를 설득하고, 국회·언론·학계의 지지를 얻기 위하여 3~4개월에 걸쳐 182면에 달하는 「GATT 가입 의견서」를 작성했다.[71] 1965년 3월 「GATT 가입 의견서」가 대통령에게 제출된 후, 신현확 청와대 경제특보가 제네바에 파견되어 윈덤 화이트 GATT 사무총장과 면담을 했고, 경제특보의 보고를 접한 정부에서는 GATT 가입이 한국에 유리하다는 판단하에 GATT 가입을 위한 협상을 추진하기로 했다. 1965년 11월 15일 청와대 수출확대회의에서는 박정희 대통령의 지시로 경제기획원과 재무부·외무부·상공부 및 한국은행 등 관계 부처 실무자회의를 통해 GATT 가입에 따른 이해득실을 검토했다. 이후 6차례에 걸친 연석회의를 통해 GATT 가입이 유리하다는 결론을 내렸고,[72] 1966년 5월 20일 GATT 가입을 정식으로 신청했다.[73] 이는 1963년 7월

---

69 외무부 통상국 통상진흥과(1963. 7. 31), 「GATT 가입에 관한 의견문의」, 외통상 763-11808.

70 외무부 통상국 통상진흥과(1963. 11. 8), 「아국의 GATT 가입문제에 관련한 면담 보고」, 주제네 734.5-365.

71 정일영(2011), 『한국외교와 국제법』, 나남, 505-506쪽; 조광제(2016), 『한 직업외교관의 회상록』, 나남, 108-109쪽 참조.

72 국회도서관 입법조사국(1967), 「GATT와 우리나라의 加盟」, 입법참고자료 제66호, p.99.

73 GATT(1966. 5. 26), "Accession of Korea-Note by the Director-General," L/2655.

GATT 사무총장의 가입 권유 서한을 받은 지 3년 만의 결정이었는데, 당시 한국의 '수출입국(輸出立國)'에 대한 의지와 GATT를 중심으로 하는 대외 여건이 합치하는 시기에 이루어진 것이라고 볼 수 있다. 당시 재무부 세정차관보(稅政次官補)를 단장으로 하여 외무부·재무부·상공부 및 한국은행의 실무자급으로 이루어진 GATT 가입 협상 대표단은 1966년 9월 12일부터 1966년 12월 20일까지 약 3개월 동안 스위스 제네바에서 GATT 가입을 위한 협상을 수행했다. 대표단은 현지에 체류하면서 관련 체약국들과 GATT 가입을 위한 관세양허 협상회의를 31차례 실시하여 총 62개 품목에 대해 관세양허를 했고 관련 12개국과의 양자협상회의를 1966년 12월 2일에 완료했다.[74]

2) 중요 쟁점

1966년 9월 12일 GATT 가입 협상 겸 케네디라운드(Kennedy round) 무역협상 참가를 위하여 한표욱 주제네바대표부대사를 수석대표로 하는 14명의 정부대표단(교체수석대표 정소영 재무부 세정차관보, 재무부·상공부·외무부·한국은행 등의 대표 및 교체대표 등)이 임명되어 동 회의에 파견되었는데, GATT 가입 협상 대표단에 대한 정부의 협상지침은 다음과 같다.[75]

첫째, 가입 교섭 시 일반적인 유의사항으로서, 가입으로 우리나라가 얻고자

---

74 국회도서관 입법조사국(1967), 앞의 자료, 115쪽. 가입 협상 대표단은 한표욱 주제네바대사를 수석대표로 하여, 정소영 재무부 세정차관보, 박봉진 재무부 감정과장, 김동빈 재무부 국제과장, 함태혁 외무부 국제경제과장, 정민길 상공부 해외시장과장, 김건 한국은행 조사역, 안승률 재부무 국제협력계장, 곽병기 재무부 감정계장, 김순규 외무부 국제경제과, 노진식 상공부 관리계장, 김철진 재무부 감정과, 송장원 재무부 국제과로 구성되었다.

75 외교부(1967. 4. 14), 「GATT(관세와 무역에 관한 일반협정) 의정서 가입」, V.2 1966.1-9.

하는 이득 내용과 가입으로 우리나라에 가해지는 구속 내용에 유의해야 한다.

둘째, 교섭 준비 작업으로서 GATT 이사회에서 한국 가입을 위한 작업반 참여 의사를 표시한 일본·미국·EEC 대표단과의 접촉 및 가입조건 협의, 가입조건에 관한 회합, 한국 가입 작업반 참가, 가입 의정서 작성 등을 검토하도록 한다.

셋째, 케네디라운드 무역협상에 참여하여 세계 무역 동향을 파악하고 관세 인하를 요구하도록 한다.

넷째, 공산권 국가와의 관계에 유의하여 우리 측 제안이 공산국가 측에 수교되지 않도록 유의하여야 한다.

다섯째, 저개발국 상호 간의 관세인하 협의를 수행한다.

여섯째, 1966년 9월 6일 국무회의에 보고되어 양해된 관세인하 요구안을 중심으로 대표단의 재량하에 우선순위를 정하여 중점 교섭을 수행하도록 한다.

일곱째, GATT 사무국을 통하여 협상 참가국에 배포한 통합 양허안은 우리나라의 열악한 국제수지 상황과 총 조세수입에서 관세수입이 차지하는 비중을 충분히 설명하고 우리나라 형편으로서는 최대한의 성의를 표시한 것임을 교섭 상대국에 납득시키도록 노력한다. 양허안에 포함되지 않은 품목의 관세율을 인하하거나 또는 양허안에 표시된 인하율 이상으로 관세인하가 불가피한 경우에는, 이해득실 등을 보고에 포함시켜 본부의 지시를 받도록 한다.

여덟째, 수입제한 완화 문제에 대해서는 상공부가 국내 업계 대표와 협의하여 작성한 수입제한 철폐 요망사항을 중심으로, 대표단 재량으로 우선순위를 정하고 기타 저개발국과 상호 협조하여 중점 교섭을 행한다. 우리나라 수입제한 조치에 대하여 완화 요구를 받는 경우에는 국제수지 사정을 이유로 응하지 않도록 하고, 수입제한을 완화함으로써 통상상의 중요한 이익을 얻을 수 있다고 판단되는 경우에는 본부의 지시를 청하도록 한다.

아홉째, 그 밖에 본부 대표단의 체재 기간이 최장 3개월이라는 점을 고려하여 9월 20일부터 우리 대표단이 이니셔티브를 갖고, 최소한의 대가를 지불하고 GATT 가입을 실현할 수 있도록 노력한다. GATT 가입이 장기적으로 우리나라 경제에 미치는 영향을 항시 염두에 두고 충분한 사전 준비하에 교섭에 임하도록 한다.

3) 한국 정부의 입장

GATT 가입 여부를 검토하는 과정에서 정부는 원칙적으로 가입을 찬성하면서, 한국의 경제 발전 현황과 정책을 고려하여 상당히 신중한 입장을 취했던 것으로 보인다. 상공부는 국제무역의 대세와 장래를 고려하여 GATT와의 협력이 필연적이므로 태스크포스(Task Force)의 구성에 원칙적으로 찬성하지만, 사례연구를 겸한 관계 부처 직원의 훈련이 절실히 필요하다고 했다.[76] 경제기획원은 당시 한국의 무역 및 관세정책이 GATT의 제 원칙과 규정에 상치되는 측면이 있으나, 경제 성장 단계를 고려해 제1차 경제개발 5개년계획을 합리적으로 수행하기 위하여 당분간 이러한 정책의 운용이 불가피하다고 보았다. 그러나 이러한 한국의 보호정책적 조치가 GATT의 예외 조치 규정 내에서 계속적인 운용이 양해된다면 GATT 가입을 찬성한다고 했다.[77] 재무부는 GATT 가입을 통하여 한국 수출품이 GATT 체약국으로부터 관세인하 혜택을 받게

76　상공부(1963. 9. 3), 「GATT에 관한 연구」, 상역진 1312.11.
77　경제기획원(1963. 9. 6), 「GATT 가입에 관한 의견」, 경종합 313.2.

되어 수출 진흥에 절대적으로 도움이 되며, 개도국에 대한 예외규정에 따라 국내 경제 개발에도 영향이 없을 것으로 보아 GATT에 반드시 가입하여야 한다고 했다. 그러나 GATT 가입을 위해서는 GATT 제 규정의 연구 검토, 현행관세율과 특별관세율에 대한 전면 검토와 재조정이 필요하며, 특히 관세협상에서 한국이 요청 또는 제공해야 할 품목과 세율 책정에 관한 충분한 조사연구를 통해 신중히 검토해야 하므로, 정식가입에 앞서 가가입의 형식으로 추진하는 것이 적절할 것이라고 했다.[78] 이에 외무부는 관계 부처의 의견을 종합하여 GATT 가입에 대하여 일단 정식가입은 보류하고 정식가입을 전제로 한 가가입을 조건부로 제안했으나, GATT 사무국은 가가입이 예외적인 경우에만 가능하며, 한국은 1950년 토키라운드에서 제시했던 가입조건을 수정하거나 새로운 가입조건을 작성하여 정식가입을 추진할 수 있다고 회신했다.[79]

GATT 가입 협상을 추진하면서 한국 정부는, GATT 가입을 통하여 얻을 수 있는 이해득실에 대하여 다음과 같은 입장을 가지고 있었다. 첫째, 한국이 당시 양자무역협정을 통하여 관세 및 수입 절차에 있어서 최혜국대우를 받고 있는 국가는 16개국이며(그중 GATT 가입국은 10개국) GATT 가입국은 70개국이므로 양자무역협정 관계에 있지 않은 나머지 57개국(공산국가 3개국 제외)과 일시적으로 무역협정을 체결한 결과를 실현할 수 있을 것이다. 둘째, GATT 가입으로 한국은 6만여 품목에 대한 관세양허 혜택을 자동으로 받게 되고, 케네디라운드 무역협상 회의 참가를 통하여 주요 무역대상국인 미국·일본·EEC·영국·

---

78 재무부(1963. 9. 23), 「GATT 가입에 관한 의견문의」, 재세기 1241.31-3321.

79 외무부 통상진흥과(1964. 2. 5), 「아국의 GATT 가입 문제」, 외통상 763 참조.

스웨덴 등 케네디라운드 참가 선진국이 시행할 50% 관세인하 혜택을 확보할 수 있을 것이다.[80] 셋째, GATT 체약국의 3분의 2를 차지하는 저개발국과 상호 협조하여 한국의 주요 무역 대상국인 선진국에 대한 통상교섭에서의 협상력을 증대함으로써 선진국의 수입제한 조치의 철폐 내지 완화를 촉구할 수 있을 것이다.

정부의 GATT 가입 추진 결정은 1960년대 당시 한국의 무역구조와 경제체제의 취약성을 고려한 전략으로서, 수출 증대로서 경제 자립 체제를 수립할 수 있을 것이고, 수입 면에서 관세율 등 수입제한 조치에 대해 GATT로부터의 구속도 있지만, 수출 증대를 위해서 GATT의 역할이 클 것이라는 판단에서 이루어진 것이다.

4) GATT 및 다른 국가들의 입장

GATT, 국제통화기금(IMF: International Monetary Fund)을 비롯하여 세계대전 직후 설립된 국제기구에 의한 경제협력은 주로 서구를 중심으로 선진국 경제의 안정적 발전과 성장 문제에 집중되었기 때문에 이 국가들의 국제경쟁력은 신생독립국을 중심으로 한 개발도상국과 격차가 벌어지게 되었다. 한편 1948년부터 1950년대에는 GATT 가입국 중 선진국과 개도국의 비율이 비슷하게 유지되었으나, 1960년대에는 더 이상 가입할 선진국이 별로 없었고 식민지 통치가 종식되어 신생독립국이 급격히 증가하게 되었다.[81] 이러한 불균형적인

---

80 국회도서관 입법조사국(1967), 앞의 자료, 103-106쪽.
81 Craig VanGrasstek(2013), "The History and Future of the World Trade Organization, WTO," p. 124.

국제무역구조를 해결하고자 1958년부터 GATT 체약국들을 중심으로 그 해결 방안이 논의되기 시작했고, 개발도상국의 무역개발 문제가 대두된 지 약 8년 만인 1966년 1월 1일 GATT협정 제4부에 개도국의 무역개발 문제를 적극적으로 다루는 조항을 발효시키게 되었다. 이와 같이 무역개발 문제의 논의가 심화됨에 따라 GATT는 개도국들을 국제무역질서에 합류시키기 위해 가입 장벽을 낮추고 GATT 가입을 권유하게 된 것이다.

한국의 GATT 가입과 관련하여 쿠바는 '소위 남한정부(so-called Govern ment of South Korea)'를 인정하지 않으며, 따라서 한국이 GATT의 체약국이 되는 것을 강력하게 반대한다고 했다. 동시에 한국인의 정당한 대표로서 조선민주주의인민공화국만을 인정한다는 의견을 제출했다.[82] 미국·일본과 유럽경제공동체(EEC: European Economic Community)는 한국의 GATT 가입을 적극 환영하며, 가입 작업반에 참여하겠다는 의사를 밝혔다.[83]

2. 협상의 전개 과정과 협상전략

1) 협상의 전개 과정

한국은 1966년 5월 20일 GATT에 가입할 목적으로 케네디라운드 협상

---

82 GATT(1966. 10. 21), "Accession of Korea-Communication from the Government of Cuba," L/2695.

83 GATT(1966. 6. 17), "Minutes of Meeting Held at the International Labour Office, Geneva on 10 June 1966," C/M/36, p. 5.

에 참여할 의사를 GATT에 통지했고,[84] 1966년 6월 10일 제네바에서 개최된 GATT 이사회에서 한국의 가입 문제가 정식 의제로 상정되었다. 한국 대표단은 케네디라운드 무역협상을 통하여 GATT에 가입할 의사가 있음을 밝히고, 한국의 양허안과 무역정책 및 제도에 관한 양해각서(Memorandum)를 가까운 시일 내에 제출하겠다고 약속했다. 한국 대표단의 성명에 대하여 일본과 미국, EEC를 대표하여 룩셈부르크 대표가 한국의 가입을 환영한다고 발언하고, 한국의 가입에 관하여 논의하는 작업반에 참여할 의사를 표명했다. 이사회는 한국의 가입 의사를 양해하고 GATT 무역협상위원회에 한국이 케네디라운드 무역협상회의에 참여할 수 있도록 조치할 것을 결정했다.[85]

1966년 7월 7일 한국 정부는 주제네바대표부를 통하여 케네디라운드 무역협상 참여를 위한 양허안과 GATT 가입 협상을 위한 양허안을 결합한 통합 양허안(combined offer)과, 한국의 무역정책 및 제도에 관한 양해각서를 제출했다.[86] 그리고 통합 양허안을 제출할 때 체코슬로바키아·쿠바·폴란드·유고슬라비아 등 공산국가에게는 송부되지 않도록 GATT 사무국에 서면으로 요청했다. 이튿날 개최된 무역협상위원회 회의에서 윈덤 화이트 사무총장은 동 위원

---

84 GATT(1966. 5. 26), "Accession of Korea-Note by the Director-General," L/2655. 한국은 GATT 가입 신청 전인 1962년 GATT 체약국단 제20차 회기에 옵서버로 참여하도록 결정되었다. GATT(1962. 10. 26), "Summary Record of the First Meeting Held at the Palais des Nations, Geneva, on Tuesday, 23 November, at 2. p.m.," SR.20/1. 또한 한국은 1964년 12월 10일자로 장기면직물약정에 가입했다. GATT(1964. 12. 16), "Long-Term Arrangement regarding International Trade in Cotton Textiles, Addendum, Accession by the Republic of Korea," COT/42/Add.1.

85 정일영(2011), 『한국외교와 국제법』, 나남, 551쪽.

86 GATT(1966. 7. 20), "Accession of Korea-Memorandum on the Foreign Trade Regime," L/2657.

회 의장으로서 케네디라운드 협상 전반의 진행 상황과 앞으로의 협상 계획에 대하여 설명하고, 앞으로 양자 및 다자 간 교섭이 활발히 진행될 것이라고 언급했다. 또한 한국의 가입 문제와 관련하여 전날인 7월 7일 한국 대표부로부터 통합 양허안과 양해각서를 접수했음을 밝히고, 따라서 한국은 자동적으로 협상의 새로운 참가국이 되었다고 보고했다. 한국 대표단은 발언권을 얻어 다른 체약국 대표들에게 한국의 통합 양허안을 충분히 검토한 후 교섭의사를 통고해달라고 요청하고, 그간 GATT 사무국에서 지원해준 협조에 대해 감사한다고 발언했다.[87] 7월 20일 GATT 사무국은 한국 정부가 제출한 GATT 가입 관련 자료를 각 체약국에 배포하고, 9월 30일까지 한국의 양해각서에 대한 보충 질문서와 한국 가입 작업반에의 참가의사를 서면으로 제출할 것을 요청했다.

1966년 9월 GATT 가입 협상과 케네디라운드 무역협상 참가를 위하여 정부 대표단이 제네바에 도착했다. 외무부·재무부·상공부에서 실무급 대표가 참가함으로써 한국 대표단은 이미 제출한 통합 양허안을 중심으로 관심 있는 국가들과 양자협상을 할 수 있게 되었다. 한국은 9월 21일부터 미국·일본·EEC·영국·캐나다와 예비교섭을 갖고 자료와 의견을 교환하면서 공식협상을 준비했다.

한편 한국 정부는 1966년 10월 초 케네디라운드 협상과 별개로 GATT 가입 협상을 수행할 의사를 GATT에 통고하고, 7월 7일 GATT 사무국에 제출한 통합 양허안을 GATT 가입을 위한 양허안과 케네디라운드 참여를 위한 양허

87 정일영(2011), 앞의 책, 551-552쪽.

안으로 분리하여 사무국에 제출했다.[88] 이는 케네디라운드 무역협상이 1967년 3월 이후에나 종결될 것으로 예상되었기 때문에, 한국 대표단이 제네바 체재 중에 GATT 가입 협상을 종결하여 12월까지 GATT 가입 의정서를 작성할 수 있도록 하기 위한 조치였다. 이를 통하여 한국의 GATT 가입 협상이 케네디라운드 협상의 진행에 연계되어 자칫 한국의 GATT 가입이 지체되지 않아야 한다는 당시 정부의 강력한 의지를 확인할 수 있다. 당시 정부는 GATT 가입의 배경으로서 1960년대의 경제 성장과 GATT 체약국들과의 무역 확대, 그리고 무역의 괄목할 만한 발전을 제시했다.[89]

1966년 9월부터 계속된 미국·일본·EEC·영국·캐나다·뉴질랜드·남아프리카공화국과의 예비교섭, 10월 18일 영국대표단과의 회의를 시작으로 개시된 양자 공식협상은 12월 2일 EEC와의 협상을 끝으로 상호 간 관세양허 협상이 종결되었다. 미국과는 8차, 캐나다와 6차, EEC와 6차까지 공식협상이 진행되는 등 단기간에 수차례 집중된 협상에서, 한국 대표단은 상대 국가의 추가 양허 요구에 대해 최소한의 품목에 현상 유지 수준에서 양허함으로써 성공적으로 협상을 마무리했다. 특히 미국과의 협상은 장기간 소요되었고 기술적으로도 어려운 협상이었다.[90]

---

88 GATT(1966. 10. 13), "Negotiations for the Accession of Korea," L/2690. 이와 함께 한국의 가입 협상에 참여하고자 하는 GATT 체약국들은 늦어도 1966년 10월 25일 전에 그 의사를 GATT사무총장(Director General)에게 통지하고 한국 대표부를 접촉하도록 선언했다. 통합 양허안의 분리는 한국의 GATT 가입이 늦어질 수 있다는 당시 블루멘탈(Blumenthal) 주제네바 미국대사의 충고에 따른 것이기도 했다. 조광제(2016), 앞의 책, 110쪽.

89 GATT(1966. 6. 17), "Minutes of Meeting Held at the International Labour Office, Geneva on 10 June 1966, C/M/36," p. 4.

90 정일영(2011), 앞의 책, 565쪽.

가입 협상에서 관세양허에 관한 양자협상이 종결됨에 따라 미국·영국·캐나다·일본·EEC 6개국을 비롯한 12개국과 인도·스웨덴의 2개 옵서버 국가를 포함한 14개국으로 '한국 가입을 위한 작업반(Working Party on Accession of Korea)'이 구성되었고,[91] 벨기에 대표 드 리데커크(de Liedekerke)를 의장으로 하여 1966년 11월 30일부터 12월 8일까지 가입 작업반회의가 개최되었다. 작업반회의에서는 한국의 무역정책과 관세정책을 검토하는 질의에서 이 정책들이 GATT 제규정에 합치한다는 점을 인정받을 수 있었다.[92] 1966년 12월 16일 GATT 이사회는「한국 가입 작업반 최종보고서」를 채택하고 한국의 GATT 가입조건을 규정한 가입의정서 초안을 승인했다.[93] 주제네바대표부는 한국과 관계국의 관세양허협상 결과를 1966년 12월 22일 GATT 사무국에 제출했고, 사무국은 1967년 1월 10일부터 한국 가입에 관한 찬반을 회원국에 우편 투표로 문의했다. 1967년 3월 2일 GATT 체약국단은 GATT 제33조에 의거하여,「한국 가입의정서(Protocol for the Accession of Korea)」에 규정된 조건에 따라 GATT 체약국 3분의 2의 찬성으로 한국이 GATT에 가입할 수 있다는 결정을 채택했고,[94] 1967년 3월 15일 한국은 동 의정서에 서명했다. 한국은 GATT

---

91 작업반은 벨기에(의장)·나이지리아·네덜란드·룩셈부르크·미국·서독·스웨덴·영국·EEC·이탈리아·일본·캐나다·프랑스로 구성되었다. GATT(1966. 11. 22), "Working Party on Accession of Korea," L/2709.

92 GATT(1966. 12. 14), "Accession of Korea-Report of the Working Party," L2720.

93 GATT(1966. 12. 30), "Minutes of Meeting Held at the Palais des Nations, Geneva, on 16 December 1966," C/M/38.

94 GATT(1967. 3. 6), "Accession of Korea," L/2763. GATT 제33조는 신규가입국들이 GATT에 가입하는 기본적인 근거가 되는데, 가입을 원하는 정부와 GATT 체약국단이 합의한 조건에 따라 GATT에 가입할 수 있다고 규정한다. GATT 체약국단의 결정은 3분의 2 다수결에 따른다.

체약국들 중 두 번째 최저 분담금(second minimum contribution)인 9,000달러 중에서 1967년 4월 14일부터 분담금 6,460달러를 할당받았다.[95] 이 과정에서 미국과 일본, 유럽경제공동체는 한국의 GATT 가입을 적극 지원했다.[96] 그러나 한국의 GATT 가입과 관련해, 체코슬로바키아는 한국에 대하여, 한국은 쿠바·체코슬로바키아·유고슬라비아에 대하여 GATT 제35조를 원용했다.[97] 일본이 1955년 9월 GATT에 가입하기까지 약 3년의 협상 기간이 소요되었고, 중국이 GATT 후속 기구인 세계무역기구(WTO: World Trade Organization) 가입 협상에 약 15년이 걸린 것을 상기해보면, 한국의 가입 협상은 매우 신속하게 이루어진 것이다.[98]

2) 한국 정부의 협상전략

한국 정부는 GATT 가입 가능성을 검토하던 1963년 당시, GATT 가입 국가가 70여 개국에 달하고 전 세계 무역의 80%가 이루어지는 점, 그리고 경제

---

95 GATT(1967. 5. 2), "Assessment of Additional Contributions to the 1967 Budget and Advances to the Working Capital Fund," L/2788. 참고로 2015년 한국의 WTO 분담금은 전체 분담금의 2.881%인 563만 2,355스위스프랑(약 557만 7,393달러)이다. 환율의 변동을 무시하면, 1967년 가입 당시와 비교하여 약 620배 증가된 금액이다.

96 GATT(1966. 6. 17), "Minutes of Meeting Held at the International Labour Office, Geneva on 10 June 1966," C/M/36, p. 5.

97 외무부(1967. 4. 6), 「갓트협정 제35조에 의거한 특정국가에 대한 협정 부적용」, 외통국 6853; GATT(1967. 4. 25), "Accession of Korea-Invocation of Article 35," L/2783. GATT 제35조 제1항(b)에 따라, 한 GATT 체약국이 GATT에 가입할 당시 GATT 체약국들은 그들 사이에서 GATT 또는 관세양허의 적용에 동의하지 않을 수 있다.

98 이준원·곽동철(2017. 4. 13), 「한국무역 GATT 가입 50년의 성과와 도전」, 『Trade Brief』 No.12, p. 1.

개발계획 추진과 수출 진흥 등을 고려하여 원칙적으로 가입에 찬성하는 의견을 제시했다. 그러나 GATT 가입에 대한 구체적인 검토가 필요하다는 판단하에 즉시 가입보다는 우선 가가입을 시도할 수 있는지 여부를 타진했다. 외무부는 한국이 GATT에 가입할 경우 양허세율에 의하여 최혜국대우를 받을 수 있는지, 잠정가입을 하는 경우 관세양허 협상은 잠정가입 후 적당한 시기에 관계 국가 상호 합의에 따라 결정할 수 있는지 등에 대해 GATT 사무국의 의견을 문의했다. 또한 관세양허 협상 회의에서 한국의 가입 문제를 논의할 수 있을 것인지, 그렇지 못할 경우 어떤 시기에 가입을 위한 논의가 가능할 것인지에 대해서도 확인하는 과정을 거쳤다.

2년여의 검토 기간을 거쳐 1965년 7월 한국은 주제네바대표부를 통하여 GATT 당국과 가입 문제에 관련하여 제기되는 수입 금지의 계속 유지 여부, 특관세부과 가능성, 보조금 지급, 양허표 작성 등에 관하여 예비 절충을 진행했다. 그리고 그 결과를 중심으로 8월 초에 관계 부처 실무자회의를 개최했다. 1966년 2월 발렌시(A. Balenci) GATT 사무총장보의 방한 이후 한국은 재차 가입 신청을 권유받았고, 이 과정에서 케네디라운드의 참여를 요청받게 되었다. 당시 진행 중인 케네디라운드 협상에서는 후진국의 참여 문제가 본격적으로 논의되고 있었고 한국은 이 협상에 참여하는 것이 GATT 가입에도 중요한 영향을 미치는 만큼, GATT 가입을 전제로 케네디라운드에 참여하는 것이 유리하다고 판단했다. 이에 한국은 1966년 5월에 GATT에 가입할 목적으로 케네디라운드 협상에 참여할 의사를 GATT에 통지하고 케네디라운드와 GATT 가입에 대한 통합 양허안을 제출했다. 그러나 한편으로는 한국의 GATT 가입 협상이 케네디라운드 협상의 진행에 연계되어 지체될 수 있다는 측면을 고려하여, 1966년 10월 한국은 케네디라운드 협상과 별개로 GATT 가입 협상을 수행할 의사를 GATT에 통지하게 되었다.

정부는 전략적으로 GATT 가입 추진을 겸하여 다자협상인 케네디라운드 무역협상에 참여하여 세계 무역 동향을 파악하고 관세인하를 요구하기로 했다. 실제로 GATT 가입 관련 일본과의 양자협상에서 일본은 한국의 양허안에 대해 추가 요구 없이 관세인하협상은 케네디라운드에서 하기로 하고 종결함으로써, GATT 가입 협상을 원활히 추진하는 결과를 가져왔다. 그리고 저개발국과의 공조 전략을 통하여 상호 간 관세인하를 협의하고, 특히 수입제한 완화 면에서 최대한의 성과를 내기 위해 노력했다. 한편으로는 조세수입에 관하여 국내 사정을 고려할 때 한국의 관세인하 양허안이 최대한의 노력으로 작성된 것임을 설명하여 상대국을 설득했다. 또한 한국의 GATT 가입 작업반 참여 국가들의 대표단과 개별적으로 접촉하여 가입조건을 협의하고 가입의정서 작성 등을 검토하는 한편, 필요한 경우에는 당사국 내 한국대사관을 통하여 절충안을 제시하는 방식으로 협상을 전개했다.

3) GATT 체약국의 협상전략

한국은 1966년 10월 7일 GATT 가입을 위하여 케네디라운드 협상과 분리된 관세양허안(45개 품목)을 제출하고 이를 기초로 관세협상을 진행할 계획이었으나, 한국과 협상을 희망한 미국, EEC 6개 국가(서독·프랑스·이탈리아·네덜란드·벨기에·룩셈부르크), 영국, 일본, 남아프리카공화국, 뉴질랜드 등 12개 국가는 예비협상 당시부터 한국의 관세양허안이 실질적이지 못하고 명목적이라는 의사를 표명하며 추가 양허를 요구했다. 이에 대해 한국 대표단은 국내산업 보호, 관세수입의 비중, 관세율의 균형 문제 등을 이유로 추가 양허 요구를 거절했다. 이후 협상을 통하여 한국의 입장이 반영되어 이 국가들이 추가로 요구한 154개의 품목 중에서 17개 품목만을 수용하는 선에서 양허를 합의하면서 협상을 종료했다. 이 17개 품목의 추가 양허도 실질적으로 세율을 인하한 것이 아니고 현행세율을 유지하는 선에서 양허한 것이었다.[99]

이 국가들은 자국의 주력상품에 대하여 추가 관세인하를 요구해왔다. 미국은 9월 예비협상 당시 한국이 케네디라운드와 GATT 가입 협상에 대하여 제출한 통합 양허안을 분리할 것을 건의했고, 10월 25일부터 개최된 공식협상에서는 한국의 양허안에 대한 불만을 표시하면서 우지·펄프 등 40여 개 품목에 대해 한국 양허안에 제시된 내용 이상으로 추가 관세인하를 요구했다. 그리고 케네디라운드 양허안에 포함된 엽연초 등 3개 품목을 GATT 가입 양허로 추가할 것과, 분유와 승용차의 관세인하를 추가 요구했다. 그러나 한국은 주미대사관을 통하여 미국 정부와 절충하여 추가 요구를 하지 않도록 교섭을 건의하고, 엽연초 등 3개 품목을 GATT 가입양허안으로 전환할 것을 수락하는 선에서 양자협상을 종결했다. 영국은 면직기·승용차·화물차 등 16개 품목에 대해 추가 양허를 요구했으나, 대표단은 한국 양허안의 성격을 설명하여 이를 설득하고자 노력했다. 영국의 추가 양허 요구에 대해서는 캐리어트럭류와 권양기계(捲揚機械)류의 2개 품목에 대하여 현상유지할 것을 합의함으로써 양자협상을 종결했다.

캐나다는 소맥·비료·목재 등 15개 품목에 대하여 추가 양허를 요구했으나,

---

99 국회도서관 입법조사국(1967), 앞의 자료, 100-101쪽.

한국은 이미 제출한 양허안이 캐나다로부터 총수입액의 40%에 해당되므로, 추가 요구를 거절했다. 이후 캐나다는 요구를 완화하여 합성고무 등 5개 품목에 대해 추가 요구를 해왔고, 한국은 합성고무와 알루미늄괴(塊) 2품목의 현상유지를 제안하여 캐나다 측이 이를 수락함으로써 협상이 종결되었다. 일본은 관세협상에 앞서 양국 간 무역통계상의 차이점 해소를 위한 예비협상을 제안했고, 한국의 양허안에 대해 추가 요구는 없었으며 관세인하협상은 케네디라운드에서 하기로 하고 협상이 종결되었다.

뉴질랜드는 버터·양모 등 9개 품목에 대해 추가 양허를 요구했고, 특히 양모에 대해 관세인하를 강력히 요구했다. 이에 양모에 대한 우리나라 시장성의 비중을 감안하여 35%에서 25%로 세율을 인하하고 협상을 종결했다. EEC는 4개국이 분유 등 31개 품목에 대해 추가 양허를 요구했고, 1개국이 증기터빈 등 6개 품목의 추가 양허를 요구하는 등 협상 기간을 통하여 총 52개 품목에 대해 요구가 있었으나, 결국 9개 품목에 대해 현상유지를 하기로 하고 협상을 종결했다.[100]

한편 관세의 50% 일괄 인하를 목표로 진행되고 있던 케네디라운드 일반 관세인하 협상을 위해 1966년 11월 16일, 미국·일본·EEC·영국·캐나다·스웨덴 등 11개국에 대하여 관세 또는 비관세 무역장벽의 제거를 요구하는 구체적인 요구표를 제출했다. 대표단은 11개국 중 스웨덴을 제외한 다른 국가들과는 이미 예비교섭을 통하여 탐색전을 끝내고, 케네디라운드 협상을 통하여 새로 관세인하가 확정적으로 기대되는 품목으로서 4,300만 달러에 상당하는 품목

---

100 국회도서관 입법조사국(1967), 앞의 자료, 116-120쪽.

에 대해 인하된 세율의 혜택을 받게 했다.[101]

한편, 한국의 GATT 가입과 관련하여 체코슬로바키아는 한국에 대하여, 한국은 쿠바·체코슬로바키아·유고슬라비아에 대하여 GATT 제35조를 원용함으로써 GATT 또는 관세양허가 상호 적용되지 않도록 했는데, 이는 당시 동서 양진영의 냉전관계를 반영한 것이었다.[102]

4) GATT 사무국의 역할

GATT 가입 추진이 본격화되기 전, 외무부는 한국의 국제수지 호전과 향후 무역 증진책의 일환으로 GATT 가입을 검토했으나 무역자유화로 인해 경제개발 5개년계획의 효과에 초래될 실질적인 지장 등의 사유를 감안하여 잠정적으로 GATT 가입 교섭을 보류하고 1963년 4월 5일 이를 재무부·상공부에 통보한 상황이었다. 같은 해 7월 말 GATT 사무총장은 GATT가 개발도상국에 대한 가입조건을 완화했다고 설명하며 한국의 가입의사를 타진해왔고, 이를 계기로 정부 부처 간 가입 검토와 논의가 재개되었다.

한국은 가입 문제에 관하여 양허세율, 관세양허 협상 시기, 잠정가입 가능성 등에 대해 GATT 사무국의 의견을 구했다. 사무국은 잠정가입이란 정식가입을 전제로 한 협상 중 몇 가지 문제에 관해 원만한 해결을 보지 못했을 때 취하는 잠정적 조치에 불과하며 개도국에 대하여 전면적인 상호주의가 요구

---

101   국회도서관 입법조사국(1967), 앞의 자료, 101쪽.

102   GATT(1967. 4. 25), "Accession of Korea-Invocation of Article 35," L/2783. GATT 제35조 제1항(b)에 따라, 한 GATT 체약국이 GATT에 가입할 당시 GATT 체약국들은 가입을 추진하는 국가와 GATT 또는 관세양허의 적용에 동의하지 않을 수 있다.

되지 않는 사정하에서는 실정에 맞지 않는다는 점, 개도국은 최소한도의 약속 (commitment)만으로 정식가입이 가능하다는 점을 들어, 한국이 현 실정하에서 무역자유화에 공헌할 수 있는 구체적 양허 사항 또는 한국이 토키라운드 관세 협상 시 제시했던 양허 사항이나 수정안을 가지고 정식으로 가입을 신청할 것을 권고했다.[103] 이후 가입 문제에 관하여 제기될 수 있는 문제들을 사무국과 사전에 협의했고, 사무국은 개도국의 참여 문제가 본격적으로 논의되고 있는 케네디라운드 협상을 계기로 한국의 GATT 가입 협상을 추진할 것을 권유했다. 한국의 GATT 가입 문제 검토 과정에서 GATT 사무국과 여러 차례 접촉한 일과, GATT의 적극적인 가입 권유, GATT 내 변화된 사정에 대한 설명이 한국의 가입 신청에 큰 계기가 된 것으로 보인다.

3. 협상의 결과 및 평가

1) 협상의 결과

한국이 GATT 가입 협상을 통해 양허한 품목은 총 62개 품목이었는데, 현행 관세율을 그대로 현상유지(standstill)하는 품목이 42개, 향후 세율을 인상할 경우 그 상한을 설정하는 품목이 2개, 그리고 관세인하 품목이 18개였다. 결과적으로 한국 관세양허의 대부분은 현상유지로 협상이 완료되었고, 관세인하 품목은 우유, 양육, 식물성 음료, 조수육류의 조제 식료품, 엽연초, 남자용 외의

---

103 GATT(관세와 무역에 관한 일반협정) 의정서 가입(1967. 4. 14), V.1 1963~65.

(이 밖에 남자용 내의, 여자용·유아용 의류 등 포함) 등 18개 품목이었는데, 당해 18개 품목의 1965년도 수입실적은 98만 1,830달러였고 같은 해 총수입액 4억 4,995만 2,000달러에 대한 비율은 약 0.22%에 불과했으므로 관세인하로 인해 수입증대를 초래하지는 않을 것으로 판단되었다.[104]

당시 관세양허 품목은 국내산업 보호, 관세수입, 관세율, 균형의 견지에서 선정된 것으로, 내부적으로는 한국이 GATT에 가입하지 않더라도 1967년 관세율 조정 시 그 세율을 인하 또는 현상유지하기로 결정했던 품목이었다. 사실상 GATT 가입으로 인한 관세수입의 감소는 전혀 없는 실정이었으나 이와 같은 관세율 조정을 앞당겨 GATT 가입을 달성하기 위한 전략으로 활용한 것이라는 평가이다. 같은 시기에 GATT에 가입한 이스라엘과 비교하면, 이스라엘은 그 수입량이 한국과 비슷했으나 관세양허 협상에서 272개 품목을 양허하고 가입하게 된 점을 고려할 때 한국의 양허품목수는 월등히 적은 규모였다.[105]

한국은 GATT 가입 협상을 통하여 GAT 체약국들로부터 관세 및 통관 절차상 최혜국대우를 받게 되어, 이미 체약국들이 양허한 6만 5,000여 품목에 대하여 양허세율의 혜택을 받을 수 있게 되었다. 또한 국제수지상의 이유를 제외하고는 수입량을 제한할 수 없다는 GATT 규정에 따라, 선진국과의 통상교섭에서 체약국의 반 이상을 차지하는 저개발국가들과 공동보조를 취함으로써, 저개발국에 대한 불리한 제한 조치를 제거할 수 있었다. 그리고 GATT에 가입

---

104   GATT(관세와 무역에 관한 일반협정) 의정서 가입(1967. 4. 14). V.31966.10-12.
105   국회도서관 입법조사국(1967), 앞의 자료, 108쪽.

한 71개국과 일괄적으로 무역협정을 체결한 효과를 갖게 되어, 해외시장 개척에 도움이 되고, 한국 상품에 대한 비차별적 대우와 국제법적 보장을 받게 되었다.

2) 협상 결과의 후속 조치

1966년 12월 16일 GATT 이사회에서 한국의 가입을 위한 의정서를 채택한 후, 1967년 1월 10일부터 2개월간 GATT 체약국단의 우편투표가 실시되었다. 한국의 GATT 가입은 GATT 체약국단의 3분의 2인 47개국 이상의 찬성을 받은 후 의정서에 서명함으로써 모든 가입 절차가 종료될 수 있었다. GATT 가입 협상 결과는 외무부장관·재무부장관·상공부장관 공동명의로 1966년 12월 27일에 개최된 제107회 국무회의에 보고되었다.

GATT 가입을 최단시일 내에 성취하기 위하여는 국회의 협정 체결 동의절차가 필요했다. 그러나 당시 국회의 마지막 회기가 1967년 1월 16일경 소집되어 약 20일간 진행될 예정이었으므로 1월 25일경까지 47개국 이상의 찬성을 획득할 필요가 있다는 판단하에, 외무부는 1967년 1월 7일에 전 재외공관장에게 체약국인 주재국 및 관할지역 국가의 정부 당국자와 접촉하여 GATT로부터 투표용지를 접수하는 즉시 찬성의사를 회신하도록 요청할 것을 전달했다. 당시 GATT 체약국은 70개국이었고, 이 중 쿠바·체코슬로바키아·유고슬라비아·로데시아를 제외한 66개국과 접촉을 해야 하는 상황이었다.

제60회 임시국회가 1967년 2월 25일에 개최되었다. 당시 찬성투표를 한 GATT 체약국은 총 44개국이었고, 외무부는 약 10일간의 회기 내에 GATT 가입에 대한 국회 동의 요청을 하기 위해 가입에 필요한 나머지 3표의 획득을 위해 최대한 노력할 것을 주제네바대표부에 지시했다. 한국은 투표 종료를 1주일 앞둔 1967년 3월 2일 미국·캐나다·영국·프랑스·서독·일본·인도·말레이시아·나이지리아·이스라엘 등 47개국의 찬성표를 획득하여 GATT 가입에 필요한 소요 득표수를 확보했다. 이에 한국 정부는 GATT 가입안을 1967년 3월 7일 국무회의에서 의결한 후 헌법(제6호) 제56조 제1항에 의거하여 국회의 동의를 요청했다.

「GATT에의 대한민국의 가입을 위한 의정서체결에 대한 동의안」은 3월 8일 외무위원회에 회부되어 관련 위원회인 재정경제위원회 및 상공위원회와 연석회의를 개최했으며, 제4차 외무위원회에서 여야 만장일치로 이 의정서에 대한 서명에 동의하기로 결정했고, 3월 10일 제60회 임시국회 제9차 본회의에서 가결되었다.[106] 1967년 3월 15일 한표욱 주제네바대표부대사는 GATT 사무총장실에서 전권위임장을 제시하고 윈덤 화이트 사무총장의 입회하에 「한국 가입을 위한 의정서」에 서명했고, 의정서 제6항에 따라 한국은 서명 후 30일이 경과한 1967년 4월 14일 정식으로 GATT 체약국이 되었다.[107]

3) 평가

1960년대 당시 한국은 다원적인 국제 경제협력체제를 갖추지 못하여 특히 수출 신장 면에서 다소 뒤처져 있었으며, 부분적으로 개척된 해외시장에서

---

106 국회사무처(1967. 3. 10), 「관세와 무역에 관한 일반협정에의 대한민국의 가입을 위한 의정서 체결에 대한 동의안」, 제60회 국회 회의록 제9호, 108-110쪽.

107 GATT(1967. 3. 17), "Accession of Korea-Protocol for the Accession of Korea to the General Agreement on Tariffs and Trade," L/2770.

도 각종 제한을 감수하고 있던 실정이어서 수출 진흥에 대한 노력이 절실한 상황이었다. 이에 금리를 현실화하고 유동환율제를 실시하며, 수입자유화를 점차 확대하는 조치를 시행하고 있었고, 이러한 정책에 맞추어 시의적절하게 GATT 가입을 달성할 수 있었다. 그리고 이로써 국제 경제협력을 통한 무역 신장이 배가될 것으로 기대되었다. 또한 관세양허 부문에서 최소한의 대가를 지불하고 계획했던 결과를 얻어냄으로써 내용 면에서도 성공적인 협상을 이끌어낸 것으로 평가된다. 대내적으로는 관계 부처와의 사전 검토와 협의를 통하여 GATT 가입의 의의에 대한 공감대를 형성했으므로, 국회에 제출한 의정서 체결을 위한 동의안에 대해서도 여야 만장일치로 서명에 동의했고, 국회 본회의에서도 이의 없이 가결될 수 있었다.

한국은 1967년 GATT에 가입함으로써 현재와 같은 경제 성장과 발전을 이룰 수 있었다. 대내적으로는 당시 제3공화국의 '수출입국(輸出立國)' 추진에 따른 경제개발 5개년계획을 통하여 수출이 한국 경제 성장에 주된 추진력을 제공했고, 대외적으로는 당시 경제 후진국이던 한국이 최혜국대우 원칙을 기반으로 하는 GATT의 다자무역체제에서 국내 시장을 양자적으로 개방하지 않고서도 다른 GATT 체약국들의 개방된 시장을 적극 이용할 수 있었기 때문이다.[108] 이렇게 GATT 가입을 통하여 한국은 수출을 통한 경제 성장의 기틀을 만들 수 있었고, 또한 GATT의 시장경제 질서에 바탕을 둔 자유무역체제를 수용함으로써 시장 중심의 경제철학을 실행할 수 있었다. 이 점에서 한국의

---

108 한국이 GATT에 가입한 1967년에 제2차 경제개발 5개년계획이 개시되었고, 한국은 여전히 수출 중심의 경제 개발을 추구했다. GATT(1969. 3. 5), "Republic of Korea-Export Growth, Past and Prospective, Note by the Secretariat," BOP/90, pp. 1 and 4.

GATT 가입은 광복 이후의 한국 역사에서 가장 중요한 사건이라고 보아야 할 것이다.

IV. GATT 가입 협상의 시사점

1. 서독의 가입 협상 사례와의 비교

남북한 직교역과 관련하여 독일의 통일 전 서독과 동독의 소위 '내독 간 교역(Inter-German trade)'의 사례가 중요하게 다루어질 수 있다. 한국이 1967년 GATT에 가입할 당시 남북한 직교역이 전혀 고려되지 않은 것과 달리, 서독이 GATT에 가입할 당시에는 내독 간 교역에 관하여 최혜국대우의 예외가 인정되었다. 1950년 9월 28일부터 1951년 4월 21일까지 토키에서 수행된 관세협상 결과를 인증하는 「토키최종의정서」에 첨부된 서독의 가입에 관한 결정의 제1(b)항은 다음과 같이 내독 간 교역에 대하여 최혜국대우의 예외를 인정했다.

> GATT 체약국단은 GATT 제1조의 규정에도 불구하고 독일연방공화국 정부의 가입으로 독일 내 원산지인 상품의 내독 간 교역의 현재 조치나 지위의 수정을 요구하지 않는다고 합의한다.[109]

이는 당시 동독과 서독 양 정부의 노력이 있었기 때문에 가능했다. 예컨대, 1951년 9월 20일 '독일마르크(DM-西獨) 유통지역과 독일마르크(DM-東獨) 유통지역 간의 교역협정'(베를린협정)이 체결되었다. 이 협정은 1960년 8월 16일의 전면 개정을 비롯하여 여러 차례의 수정·보완을 거치면서 1990년 독일이 통일될 때까지 내독 간 교역의 법적 근간이 되었다.[110]

2. 북한의 WTO 가입 협상에 대한 전망

2018년 들어서 연이은 남북 정상회담과 북·미 정상회담 등을 계기로 한반도 정세가 평화를 향하여 급격하게 변화하고 있다. 따라서 대북 제재 완화와 함께 북한의 국제 경제체제 편입이 당면 과제가 될 것이다. 이와 관련하여 북한의 WTO 가입이 중요한 과제가 될 것이므로, 대략적이나마 협상 관점에서 북한의 WTO 가입에 대한 전망을 하고자 한다. 북한은 WTO에 가입함으로써 계획경제체제에서 시장경제체제로 변화를 시도하는 점에서 '체제 전환국'으

---

109   원문은 다음과 같다.
"The CONTRACTING PARTIES further agree that, notwithstanding the provisions of Article I of the General Agreement, the accession of the Government of the Federal Republic of Germany will not require any modification in the present arrangements for, or status of, intra-German trade in goods originating within Germany." https://docs.wto.org/gattdocs/q/GG/GATTN2/41.PDF, p. 4 참조.

110   페터 가이(2003), 「1949-1989 독일연방공화국과 독일민주공화국의 경제교류」, 프리드리히 에베르트 재단, pp. 3-4를 안덕근·박정준(2014), 「WTO체제에서의 남북한 교역과 개성공단 관련 통상쟁점 연구」, 『국제지역연구』 제23권 4호, 147쪽에서 재인용.

로 이해할 수 있다.[111]

1) WTO 가입 절차 개관 [112]

북한이 WTO에 가입하기 위해서는 가입 신청서를 제출하고 궁극적으로 북한에 대한 가입의정서가 채택되어야 한다. 북한은 WTO 사무국에 가입 신청서와 함께 자신의 무역제도에 대한 양해각서(MFTR: Memorandum on Foreign Trade Regime)를 제출해야 한다.[113] 북한은 체제 전환국으로서 투명한 경제무역정책을 갖추지 못했으므로 관련 자료의 준비에 많은 시간이 소요될 것이다. 가입 신청서와 해당 자료가 제출되면 북한의 '가입 작업반(Accession Working Party)'이 설치되며, 모든 WTO 회원국들은 이 가입 작업반에 참여할 수 있다.[114] 가입 작업반은 북한의 무역정책과 가입조건을 논의하게 되며, 이후 북한과 WTO 회원국들이 참여하는 다자협상이 진행된다. 다자협상은 앞서 언급한 양해각서(MFTR)를 바탕으로 진행되는데[115] 북한은 가입 작업반에 참여하는

---

111 체제 전환국으로서 북한의 WTO가입에 관하여, 최장호·최유정(2018), 「체제전환의 WTO가입경험과 북한 경제」, 대외경제정책연구원 참조.

112 WTO의 가입 절차는 WTO설립협정 제12조에 규정되어 있다. 정부구매협정과 같은 복수국간무역협정에 가입하기 위하여는 해당 협정의 가입절차에 따른다. WTO의 가입 절차에 관하여 https://www.wto.org/english/thewto_e/acc_e/how_to_become_e.htm; WTO(2016. 4. 5), "Accession to the World Trade Organization: Procedures for Negotiations unter Article XII," Note by the Secretariat (Revision) WT/ACC/22/Rev.1 참조.

113 이 양해각서는 북한의 경제 전반에 대한 보고 및 통계, 관련 법령 등을 포함한다.

114 여기서 해당 자료가 반드시 양해각서(MFTR)일 필요는 없다. 실제로 가입 작업반이 설치된 후에 양해각서가 제출되는 경우가 대부분이기 때문이다.

115 그런데 실제로는 양해각서 제출 이후 단계인 '제기된 쟁점의 사실적 요약(Factual Summary of Points Raised)'과 '작업반 보고서 초안(Draft Working Party Report)'도 다자협상의 바탕이 될 수 있다.

회원국들의 질의 등에 답을 주고, 개선이 필요하다는 요청에는 수정안을 제출해야 한다.

북한은 가입 작업반에서의 다자협상과 동시에, 가입 작업반 참여국들 중에서 개별적인 상품무역과 서비스무역에 대한 협상을 원하는 WTO 회원국들과 양자협상을 수행하게 된다. 북한이 160여 WTO 회원국들과 개별 양자협상을 수행한다는 것은 큰 부담이 될 것이고 이 양자협상은 북한의 가입을 위한 절차에서 상당한 비중을 차지할 것이다. 물론 북한과의 무역규모가 작거나 북한의 WTO 가입에 관심이 덜한 WTO 회원국들은 북한과 양자협상을 하지 않을 것이어서 모든 WTO 회원국들과 양자협상이 수행되지는 않을 것이다. 만의 하나 어느 한 회원국이라도 북한의 WTO 가입에 동의하지 않는다면 해당 회원국이나 북한은 서로에 대하여 WTO의 상품무역에 관한 GATT와 서비스무역에 관한 GATS 등 다자무역협정을 적용하지 않을 수 있다.[116] 북한의 WTO 가입으로 인하여 자국의 대외무역에서 손해를 보는 회원국도 있을 것이기 때문에 양자협상에 어떤 난관이 있을지 예상하기는 어렵다. 기본적으로 이러한 양자협상은 북한의 현존 WTO 회원국들과의 시장접근에 있어서 권리와 의무를 결정하는 것이기 때문에 특히 중요하다.

이러한 양자협상과 가입 작업반에서의 다자협상이 완료되어 북한의 가입 조건(terms of accession)이 확정되면, 최종적으로 작업반 보고서(Working Party

---

116 WTO설립협정 제13조 참조. 1955년 일본이 GATT에 가입할 당시 33개 체약국들 중 14개 국이 일본에 대하여 GATT를 적용하지 않겠다고 WTO설립협정 제13조에 유사한 GATT 제 35조를 원용했지만, 일본은 2/3의 다수결로 GATT에 가입할 수 있었다. WTO, "Analytical Index of the GATT," p. 1033, https://www.wto.org/english/res_e/publications_e/ai17_e/gatt1994_art35_gatt47.pdf.

Report), 상품 및 서비스에 관한 양허표(schedules) 및 가입의정서로 구성된 가입 패키지가 각료회의(일반이사회)에 제출되고, 회원국 3분의 2의 찬성으로 북한의 WTO 가입이 결정된다.[117] 이후 북한은 국내 헌법에 따른 조약의 비준 절차를 밟게 되며, 북한의 가입의정서 비준 후 30일 후에 북한은 공식적으로 WTO 회원국이 된다.

위의 WTO 가입 절차는 일반적으로 요구되지만, 최빈개도국(LDC: Least Developed Country)의 가입을 촉진하기 위하여 일반이사회는 2002년 특별한 절차를 채택했다.[118] WTO 가입을 원하는 최빈개도국은 시장접근에 있어서 자신의 개발, 재정 및 무역의 필요에 상응하는 합리적인 양허와 약속을 제공하면 되고, WTO 규정에 있어서 '특별하고 차등적인 대우(Special and Differential Treatment)'가 적용되며, WTO 규정의 준수를 위한 과도기간이 허용된다. 또한 WTO 사무총장은 최빈개도국의 가입을 지원하기 위하여 알선(good offices)을 제공할 수 있다. 문제는 북한에게 WTO 가입 목적으로 최빈개도국의 지위가 인정되는지 여부인데, WTO 회원국들이 적어도 WTO 가입 목적으로 이러한 지위를 인정하거나 이러한 지위에 상응하는 대우를 할 수 있을 것이다.[119]

---

117 실제로 WTO 가입에 대한 투표가 수행되지는 않는다

118 WTO(2003. 1. 20), "Accession of Least-Developed Countries, Decision of 10 December 2002," WT/L/508 참조. 2012년 7월 25일 일반이사회는 최빈개도국들의 WTO 가입 협상을 보다 신속하고 용이하게 하도록 새로운 지침을 채택했다. WTO(2012. 7. 30), "Accession of Least-Developed Countries, Decision of 25 July 2012," WT/L/508/Add.1 참조.

119 2017년 11월 현재 UN에 따르면 47개 국가가 최빈개도국으로 분류되어 있다. 아시아에서는 아프가니스탄·방글라데시·부탄·캄보디아·라오스·미얀마·네팔·티모르·예멘이 최빈개도국인데, 북한은 이 분류에 포함되어 있지 않다. UN의 최빈개도국 기준은 국민 1인당 국민총소득(GNI)이 1,035달러인데, 통계청에 따르면 북한의 2016년 기준 1인당 GNI는 146만 원이어서 UN의 최빈개도국 기준보다는 약간 높은 수준이다. https://unctad.org/en/pages/

2) 가입을 위한 북한의 준비와 요건

북한의 WTO 가입은 북한이 WTO의 시장경제 자유무역체제를 수용하는 것이기 때문에 북한은 시장경제 방향으로 수출입, 법인세법, 이중가격 및 가격통제, 수출입 권한 등 경제 관련 법·제도를 마련해야 할 것이다. 또한, 북한의 국영기업들이 시장경제 질서에 상응하는 활동을 하도록 법제도적으로 보장되어야 한다. 이러한 법제도의 마련·운영을 위한 인적 자원의 육성도 큰 과제가 될 것이다.

3) 가입을 위한 기존 회원국 및 WTO 사무국의 지원

북한이 WTO에 가입하는 것은 궁극적으로 북한의 국내 시장 개방을 의미하고, 이러한 개혁개방을 위하여 재원이 마련되어야 한다는 점에서 북한은 세계은행(World Bank)과 IMF 등 국제금융기구에 먼저 가입해야 할 것이다. 북한의 국제금융기구 가입은 북한과 한국은 물론 미국·일본 등 주요국들과의 관계의 정상화를 전제로 할 것이다. WTO에서는 북한에 대한 시장경제 지위의 인정 여부도 WTO 회원국들과의 협상에서 결정될 것인데, 북한이 시장경제 지위를 인정받아야 보조금이나 덤핑의 결정에서 불이익을 받지 않게 된다.

북한이 최빈개도국으로 인정되는 경우, WTO 내의 다양한 혜택을 받을 수 있다. 최빈개도국의 WTO 가입에 WTO 사무총장이 알선을 제공할 수 있고,

PressRelease.aspx?OriginalVersionID=438; http://www.yonhapnews.co.kr/bulletin/2017/12/15/0200000000AKR20171215059700002.HTML 참조. 만의 하나 북한이 최빈개도국의 지위를 인정받는다고 하여도 북한이 자신의 대내외적 지위를 고려하여 이러한 지위를 공식적으로 수용하지 않을 수도 있다.

WTO 사무국은 가입 협상을 효과적이고 효율적이며 덜 부담이 되는 방향으로 지원하게 된다. 또한, '통합프레임워크(Integrated Framework)'[120]를 포함하여 WTO는 물론 다자적·지역적·양자적 차원의 기술적 지원과 역량 강화가 제공될 수 있다.[121]

3. GATT 가입 협상 사례가 주는 교훈

한국이 1950년대 초반의 실패에 이어서 1967년 정식으로 GATT에 가입한 협상 경험이 북한의 WTO에의 가입 협상에 줄 수 있는 교훈은 제한적일 것이다. 북한은 한국과 달리 시장경제체제가 아니라는 점에서 시장경제 질서를 전제로 하는 WTO 가입은 한국의 GATT 가입과 다르기 때문이다. 또한, 한국이 GATT에 가입한 1960년대와 비교할 때 현재 WTO 가입은 상당히 자세히 규정된 절차를 전제로 하고, 또한 상당수 WTO 회원국들이 가입 협상 경험을 가지고 있기 때문이다.

북한의 WTO 가입에서 북한과 WTO 회원국들 사이의 개별적인 양자협상이 중요한 역할을 하는데, 북한이 보다 용이하게 WTO에 가입하기 위해서는 WTO 회원국들의 견제가 없어야 하며, 이를 위하여 특히 한국은 물론 한반도

---

120 WTO의 최빈개도국인 회원국의 종합적 지원을 위한 통합체제에 관하여 https://www.wto. org/english/tratop_e/devel_e/teccop_e/if_e.htm 참조.

121 WTO(2003. 1. 20), Accession of Least-Developed Countries, Decision of 10 December 2002, WT/L/508 참조.

의 평화에 관여하는 미국·중국·일본 등 주위 국가들의 협력이 필요할 것이다. 또한, 한국이 개발도상국 지위를 적극 활용했던 경험은 북한에게 도움이 될 것이다. 그러나 북한이 오랫동안 비시장경제체제를 유지해왔으므로 북한의 상품무역·서비스무역과 지식재산권 등 경제무역정책을 어떻게 WTO체제에 합치할 것인지는 북한의 경제체제를 변화시키는 어려운 작업이기 때문에 북한의 결의가 특히 요구될 것이다. 이러한 경제체제 변화 과정에서 상당한 사회적·행정적 비용을 감수해야 할 것인데, 이를 북한이 오로지 부담할 것인지도 중요한 문제가 된다. 또한, WTO체제의 이해를 바탕으로 한 북한 내 협상전문가들도 필요할 것이고, 이 점에서 한국이 북한의 WTO를 비롯한 국제경제체제의 이해를 돕는 과정을 제공할 수 있을 것이다.

그러나 체제 전환국들의 WTO 가입 사례에서, 적어도 그 기간이 장기간 소요되었다는 사실을 볼 때 가입 협상이 결코 쉽지는 않음을 알 수 있다. 예컨대, 중국은 15년, 러시아는 19년, 베트남은 12년, 라오스는 16년의 협상 기간이 소요된 것을 볼 때, 북한의 WTO 가입도 상당한 시간과 그에 따른 노력이 요구될 것으로 예상된다. 결론적으로, 북한의 WTO 가입은 그렇게 쉬운 일은 아닐 것이고, 북한의 가입 협상 과정에서 한국은 물론 미국·일본·중국 등 주변국들의 상당한 협력과 이해가 필요할 것이다.

또한, 서독이 GATT에 가입할 당시 내독 간 교역에 최혜국대우의 예외를 인정받은 것과 같이 한국과 북한의 소위 남북한 직교역도 최혜국대우의 예외를 인정받아야 한다. 한국이 1967년 GATT에 가입할 당시에는 한국과 북한의 적대적 관계에서 남북한 직교역의 현실성이 없었기 때문에 남북한 직교역에 대한 최혜국대우의 예외 인정도 고려할 수 없었을 것이다. 이제 북한이 WTO에 가입하여 한반도의 평화가 더욱 공고해지게 된다면, 북한이 WTO에 가입할 때 그 가입조건에 한국과의 무역, 즉 남북한 직교역에 대한 최혜국대우의 예외를 인정받아야 할 것이다.

V. 결론

    한국은 1967년 GATT에 가입했지만, 훨씬 전인 1950년대 초에 가입할 수 있었던 사실을 확인했다. 당시 한국은 한국전쟁으로 해방 이후 가장 어려운 정치·경제적 상황이었음에도 GATT에 가입하려 했고, 한국이 미국 등 여러 GATT 체약국들의 후원으로 아주 쉬운 조건으로 GATT에 가입할 수 있었던 사실도 확인했다. 특히 미국은 제2차 세계대전 후 세계질서의 재편 차원에서 서독·일본과 함께 한국의 GATT 가입을 적극 지원했다. 결국 1950년의 「토키의정서」에 대한 서명이 여러 번 연기되면서 한국의 GATT 가입은 무산되었다.

    그럼에도 인적·물적 자원이 극히 모자란 당시의 상황에서 토키라운드 협상을 수행한 윤치창 주영공사와 토키라운드 협상에 따른 한국의 GATT 가입을 실현하기 위한 전규홍 주불공사 등의 지대한 활약은 미루어 짐작할 수 있다. 특히 전규홍 주불공사가 GATT의 실체와 GATT 가입의 득실을 확실히 간파하고 있었다는 점은 긍정적으로 평가할 만하다. 이와 같이 1950년대 초 GATT 가입의 의의를 올바르게 인식하고 최선을 다하여 노력한 당시 외무부 등 한국 정부의 기상과 의지는 1967년 한국이 GATT에 정식으로 가입할 수 있도록 한 원동력이 되었다. 「토키의정서」 서명을 통하여 한국이 1950년대 초반 GATT에 가입했다면, 한국은 GATT의 시장경제 질서를 보다 일찍 수용하고, 한국을 원조하는 입장에 있던 대부분 GATT 체약국들의 전폭적인 지원을 받아 보다 빠르게 전후 복구를 할 수 있었을 것이라는 아쉬움은 크다.

한편, 1950년대 초 한국의 GATT 가입에 있어서 미국의 주도적인 역할은 이후 한국이 시장경제 질서에 참여할 수 있는 방향을 제시했으며, 1967년 마침내 한국이 GATT에 가입할 수 있게 된 기반이 되었다고 볼 수 있다. 1950년대 초반의 실패를 만회하려는 듯이, 1967년 GATT 가입 협상에서 한국은 국내 경제 발전 상황과 대내외적 필요성을 면밀히 검토하고, 양허 품목의 이해득실을 정확하게 파악하여 협상지침을 제시했으며, 신속한 가입과 최소한의 비용 지불이라는 성과를 동시에 달성할 수 있었다.

1963년 7월 GATT 사무총장의 가입 권유 서한을 받고 GATT 가입에 관하여 관계 부처의 의견을 묻는 외무부 통상진흥과의 공문이 회람된 이래 주제네바대표부와 외무부·상공부·경제기획원·재무부의 검토 의견과 관련 상세 자료가 제출·교환되었다. 이후 3년여 기간의 검토 끝에 1966년 5월 GATT 가입 신청과 연내 가입 협상 완료, 1967년 국회 비준 및 3월 가입 의정서 서명에 이르기까지 일사천리로 진행된 일정은, 외교 현장에서 활약한 이들의 노고를 엿볼 수 있는 대목이다.

한국은 GATT 가입 이후 50년 동안 최혜국대우 원칙을 기반으로 하는 다자 통상체제에서 기존 체약국의 관세양허 혜택을 받게 되어 교역 규모가 비약적으로 성장했고, 수출 상대국 및 품목의 다변화를 통해서 안정적인 교역시장을 확보하게 되었다.

이후 GATT/WTO체제에서 한국은 규모에 있어서 세계 10대 통상국가의 반열에 올라섰는데, 이제는 정치·경제적 측면에서 전략적으로 통상의 국익을 극대화하여 진정한 의미에서 세계 10대 통상국가로서 발돋움해야 할 것이다. 이 점에서 한국 GATT 가입 과정에서 보여준 통상외교의 헌신적인 노력은 현재와 미래의 통상외교 수행에 훌륭한 교훈이 될 것이다.

부 록

| 관련 자료 |

檀紀四二八五年二月

GATT 會議에 關한 復命書

復命書

意見書

意見書

目次

第一 關稅및貿易에 關한 一般協定의 槪要

一、 目 的

本協定은 諸國間의 平和的인 또한 友好的인 關係에 必要한 安定과 福利의 條件을 創造하려고하는 國際聯合의 決意에 비추어 本協定의 締約國은 貿易및經濟的 分野에 있어서 生活水準의 向上、完全雇傭、實質所得및有效需要의 增加、世界資源의 完全開發、物資의 生産및交換의 擴大를 目的으로하여

關稅와 貿易에 關한 諸障害의 輕減및國際通商上의 差別待遇의 除去를 指向하는 互惠的인 有利한 協定을 實施함으로써 右目的의 達成을 期하자는 것인데

當面한 目的은 關稅率을 相互協定에 依하여 讓步하되 이것을 最惠國約款에 依하여 多角的으로 擴大하며 그 讓步를 權讓하기 為하여 關稅以外의 貿易上의 諸障害를 除去하는데 있다

二、 一般規定의 槪要

一般規定은 前文과 三五個條의 本文및附屬書로 되며 三五個條의 規定은 다시 三部로 區分되어 있다

第一部 (一～二·條)　는 關稅및 其他의 課金에 關한基本的인 規定인데 此等에 關하여 即時且

無條件의 最惠國待遇를 規定함과 同時에 關稅交涉의 成果인 附屬關稅讓步表에 關하여 規定

하고 있다

第二部 (三～二三條)　는 關稅以外의 貿易上의 諸障害의 除去에 關한 規定인데 內國稅와 內國

規則에 關한 內國民待遇、 映畵취림에 關한 特別規定、 通過의 自由、 投賣防止稅및 相殺關

稅、 稅關에서의 評價、 輸出入에 關한 節次、 原産地表示、 貿易規則의 公表및 施行、 數量

的制限、 換協定、 補助金、 國家貿易、 經濟的發展、 特殊産品의 輸入에 關한 緊急措置、

一般的例外、 安全保障에 關한例外、 協議、 無效化等을 取扱하고　無差別待遇의 原則을

가진關稅讓步表를 有效化하기를意圖하고있으나　同時에많은例外規定을 設定하여 協定

運用에 彈力性을 賦與하고있다

第三部 (二四～三五條)　는 節次規定및 雜則으로서 協定의 地域的適用、 共同措置、 受諾、 效

力의 發生、 讓步의 停止또는 撤回、 修正、 脫退、 加入等에 關한 規定이다

三、 主要한 內容

一般規定中에서 가장主要한 規定은 左와같다

四

1. 最惠國待遇의保證

第一條에 「輸出또는 輸入에 關聯되는 關稅及其他의 諸課金과 諸規則及節次에 關하여 各締約國이 第三國에 供與하는 諸利益、特典、特權또는 免除를 모든他締約國에 對하여 即時且無條件으로 供與하여야한다」 라고 規定하였다

그러나 GATT는 現實을 尊重하고 現實의 地盤우에서 모든 問題를 解決發展을 期한다는 趣旨下에서 左와같은 例外를 認定하고 있다

(가) 既存의 特惠及關稅同盟과 特殊한境遇의 隣接國間貿易의 特惠待遇는 例外로 認定한다

(나) 國內의 産業保護를 爲하여 必要한境遇에는 投賣防止關稅와 相殺關稅를 賦課할수있다

(다) 國家의 安全保障을 爲하여 必要한境遇에는 戰略物資가 敵性國家에 歸하는것을 防止하는 輸出制限等의 差別的措置를할수있다 (美國과 렉코間의 例)

本條는 GATT의 骨格이되는가 장重要한 規定으로서 締約國에 對한 無條件最惠國待遇의 保証이다

前三次의 關稅交涉會議에서 締約國相互間에 締結된特惠關稅率이 總計五八、八〇〇 項目과 達하는데 韓國도 "토-쿠이" 會議 (一九五〇年九月에 尹駐英公使가 韓國代表로 參席

하여締結함) 에서約三十一項目 (가장적은讓步임) 에達하는關稅率讓步를協定하였다

萬一韓國이 〝토-퀘이〟 議定書에署名을하고加入이決定되면前記五八、八〇〇項目에亘

하는特惠稅率의適用을받기로되여韓國의輸出貿易에있어서얻는惠澤은莫大할것이다

2. 數量的制限의一般的除去

第十一條에 「締約國은割當에依하거나 輸出入許可에依하거나 또는다른措置에依하

거나를不問하고物品의輸出入에對하여關稅、內國稅및其他課金以外의禁止또는制限을

課하지못한다」 라고規定하였다

本條는最惠國待遇條項과並行하여重要하고또技術的인性格을가지는것인데 GATT

가通商上의障害除去를目的으로하는것임으로當然한規定이라고할수있다 그러나數量

的制限은世界貿易에있어서의支配的要因이되어있고 또그制限이가까운將來에除去될

수없다는것도明確함으로現實에即應하는意味에서左와같은例外를認定하고있다

아) 締約國의對外金融上의地位및國際收支擁護를爲한制限 (第十二條參照)

나) 締約國의特定工業또는農業의樹立、發展또는復興을促進시키기爲한制限 (第十八

條參照)

(다) 左의 三目的達成上必要한 制限 （第二十條參照）

(1) 供給過少物資의 獲得또는 配給을하여야할때

(2) 戰爭으로因하여 物資不足을 經驗하는 國家가 價格統制를爲하여必要할때

(3) 戰爭으로因하여 生긴 過剩物資의 整理를爲하여必要할때

GATT는 數量的制限을 이와같이 不得已한境遇에만認定하고嚴重한承認節次를規定하고왔다 그러나 各締約國은 韓國이 戰爭狀態에있다는것을잘認識하고있기때문에이와같은 制限措置에對하여는 容易하게 承認할것이다

또此等의 制限措置에있어서는 第十三條에서 無差別待遇를原則으로할것을規定하고있으나 戰後過渡期의 措置로서 無差別待遇의 例外를第十四條에 規定하고있다 過去의會議에서 南阿聯邦、세이론、智利、印度、英國、美國等 이以上의 理由로써數量的制限의 實施를要請하여 承認을받은事例가있다

3. 換協定

第十五條에「締約國은締約國團및國際通貨基金의權限內의 換問題와모든貿易上의 措置에關하여共通的政策을遂行할수있도록基金과의 協力에努力하여야한다」라고

規定하고있다

GATT의一般目的은關稅를引下하고또其他의通商上의障害를除去하는데있으나關稅를引下하여도各種의通貨措置를하게되면結局目的達成에重大한障害가됨으로締約國을國際的인通貨政策에協調시키려는것이다 締約國의大部分은國際通貨基金의會員이되어있지만 基金에加入하지않은國家도있다 基金에加入하지않은國家는締約國團과特別換協定을締結하기로되어있다 이特別換協定을締結함에있어서는締約國團과協議하여야한다

4. 免責條項 (特定産品의輸入에關한緊急措置)

第十九條에「豫期치않은事情의發展또는關稅讓步를包含하여締約國이 이協定에依하여受諾한義務의結果로어떤産品의輸入으로말미암아國內生産에重大한損害를주거나또는줄憂慮가있을때에는그必要한範圍內에서그義務나讓步의全部또는一部를停止또는變更하는것은自由이다」라고規定하고있다

締約國이 이協定을受諾함으로써또는豫測치않은事由로因하여生기는損害를防止하기爲한免責的인條項인데 原則的으로利害關係가있는締約國에게事前通告를하여야하지

만 緊急한 境遇에는 事後通告도 無妨하다 一締約國이 이 條項을 利用한 境遇에는 그 影響을

받는 他締約國은 그에 對하여 그 停止또는 變更 한것과 同價値의 讓步를 停止할수있다 이것은 美

國의 互惠貿易政策의 方向에 따라 는 것인데 美國은 一九五〇年 十二月 一日부터 어떤 種

類의 毛皮帽子에 對한 〃제네바〃 會議에서 協定한 關稅讓步를 撤回하여 本條項發動의 事例

를 만들었다

5. 稅關의 評價

第七條에 輸入商品에 對한 評價方法을 規定하고있는데 要는 「稅關의 課稅價格은 正常的

으로 實際去來된 CIF價格에 依하고 內國産品의 價格이나 또는 任意로 架空의 價格을 基

礎로 하여서는 아니된다」는 것이다 · 이方法은 世界共通的인 評價方法인데 韓國關稅法

第七條에 符合되는 것이다 韓國稅關에서 實施하고있는 市價逆算法은 外貨와의 基準換算

率이 一般的으로 適用되지않기때문에 不得己 採用한 便法的인 方法으로 國際的으로 通用

되지않는 것임으로 韓國이 GATT에 加入하게되면 對美貨六,〇〇〇 對一또는 其他適當한

基準換算率을 定하여 CIF價格을 그 率로써 換算한 것을 課稅價格으로 하여야될것이다

6. 輸出入節次의 簡素化 (第八條 參照)

九

輸出入에關聯된諸手數料、課金、節次및要件等에對하여差別待遇를하지않고可能한範圍內에서簡素化하자는것인데 稅關의通關節次는勿論이요 領事送狀、証明書에關한事務、貿易管理와換管理事務、各種許可事務、統計事務、分析과檢査事務、檢疫事務等輸出入에關聯되는모든事務와節次를簡素化하여國際貿易의相互便宜를期하려는것이다

7. 貿易規則의公表와施行

第十條에「締約國이實施하는一般的으로適用되는法律、規則、法院의判決및行政上의決定等으로서稅關에서의物品의分類、評價或은關稅와內國稅의稅率또는輸出入과外換에關한要件、制限、禁止에關한措置、또는物品의賣買、配給、輸送、保險、入庫、檢查、陳列、加工或은使用에影響되는것은締約國政府와貿易業者가알수있도록早速히公表하여야한다」라고規定하고있다

그러나이는一般的으로適用되는것을말하며、公共的利益또는國家的利益에反하는機密에屬하는것을公表하라는것은아니다

8. 一般的또는安全保障上의例外 (第二十條、第二十一條)

前述한 各種讓步나 義務는 左의 措置의 採用또는 實施를 妨害하는것은아니다 .

(가) 公德의 保護에 必要한 措置

(나) 人類、動植物의 生命또는 育成保護에 必要한 措置

(다) 金、또는 銀의 輸出入에 關한 措置

(라) 特許權、商標權또는 著作權 等保護에 必要한 措置

(마) 刑務所勞働의 製品에 關한 措置

(바) 美術的、歷史的또는 考古學的 價値있는 物品의 保護에 關한 措置

(사) 天然資源의 保存에 關한 措置

(아) 安全保障上의 不可缺의 利益을 保護하기 爲한 措置

(자) 核分裂性物質또는 그것이 抽出되는 物質에 關한 措置

(차) 武器、彈藥및戰爭器材에 關한 措置

9. 讓步의 保留、撤回또는 變更 (第二十七條 第二十八條參照)

締約國은附屬書에規定된關稅讓步를何時든지 그全部或은一部를保留、撤回하거나또는 그明細表를變更할수도있다 이러한措置를取할때에는他締約國에通告하여야하며 또한

二

要請에 依하여 關係締約國과 協議하여야한다

萬一 協議의 結果、代償的讓步를 提供치않고 彼此에 合意가아니될때에는 相對締約國이 此

方에 提供한 讓步의 全部또는 一部를 撤回하게되는것이다

10. 脫　退　(第三十一條 參照)

締約國은 本協定에 規定된 諸義務나 讓步를 履行하기가 困難하다고 認定할 境遇에는 何時든

지 脫退할수가있다　이 脫退는 國際事務總長이 脫退의 通告를받은 날로부터 六個月의 期間

滿了로써 效力을 發生한다　그러나 脫退하기 前에　讓步나 義務의 修正이나 撤回도할수있

고　또는　建議도할수있고 好意的으로 解決할 道理가있기 때문에 特殊한 境遇가아니면 脫

退하지않는것이다

中國이 脫退는 國民政府가 中國本土를 全部喪失하고 中共政權이 生기기 때문에 不得已脫退

하게되것이다

第二　不履行時의 措置

GATT는 ITO가 아직 實施되지않기때문에 暫定的으로適用되는것으로서　一般規定의第一部와第三部는 原則的으로規定대로適用되나第二部는署名當時의 現行法律에 抵觸되지않는範圍內에서 適用되는것이다　그러나 不履行時에 對處하는 何等의 制裁規定은없고　互惠協定이기때문에　單只此方에서 特惠를停止하면 相對方에서도 特惠를停止하게될뿐이다　強大한法的基礎에依한拘束보다도 自發的協力에依하여 互惠的인通商上의 目的을達成하자는것으로서規定適用에있어서도 數많은例外規定을만드러서 彈力性있는運用을하고있다

第三　加入節次와會議準備

1. 加入節次

韓國의 加入은 "도ー퀘이" 會議에서 採擇된決議에서決定을본바　加入要件인全締約國의三分之二以上의同意를獲得 (三四個締約國中二五個國이同意署名함) 하였음으로何時든지一般協定에関한 "도ー퀘이" 議定書에 署名만하면 加入이正式으로決定되고、그署名日로부

터三十日만에 效力을 發生한다

本來一九五一年四月二十一日이 署名期日이었으나 六個月間延長하여 同年十月二十一日까

지에 署名하기로 되어있었다 그러나 第六次 "제네바" 會議에서 行政節次上의 理由로 다시

一九五二年三月三十一日까지 延期하기로 承認을 받았다 本協定은 國際的인 義務를 지는 一

種의 條約이기 때문에 大統領이 批准하여야 하며 또 그 批准은 國會의 同意를 要한다

大統領의 批准에 앞서 財務部·商工部·外務部및 企劃處等關係部處間의 合議를 얻어 國務

會議의 議決을 맡아야 하는데 以上의 一連의 節次를 履行하기까지에는 相當한 時日를 要하게

될것임으로 境遇에 따라서는 多少의 期日延長은 不可避하게 될것이다 그러나 次期總會가 來

六月十五日에 開催될 豫定임으로 적어도 그三十日前에는 署名을 完了하여야만 次期總會에 韓

國이 正式締約國으로서 決議權을 行使할수 있게 될것이나 "巴里總會가 終了하였음으로 現在는 U

N總會의 事務局에서 하기로 되어있었으나 "로-퀘이" 議定書의 署名은 巴里 U N本部에

서 署名하기로 될것이며 期日內에 署名을 하든지 또는 多少 延期를 하든지 間에 駐美韓國大使館을

通하여 UN本部에 連絡을 하여야 될것이다

2. 會議準備

GATT加入이 正式으로 決定되면 次期總會가 來六月十五日에 瑞西國제네바市에서 開催될

豫定임으로早速히 左와 如한準備措置를하여야한다

(가) 負擔金送付

次期會議의 經費負擔金으로 割當된美貨二,六六九弗二五仙 (七級一單位를四月三十日前

에 "제네바" 市에있는 GATT事務局에送金한것 (外務部所管)

(나) 會議資料準備

各關係部處에서準備委員을選出하여 會議에携帶할左記書類를作成할것 但國文·英文

各通作成할것

(1) 關稅交涉에 必要한資料 (財務部所管)

(2) 一般協定第十一條乃至第十四條및第十九條에 依한 制限措置의例外規定適用에関한

要請書 (財務部所管)(商工部所管)

(3) 換協定에 関한協議資料 (財務部所管)

(4) 各種意見書

一五

歐洲関税의一律的引下에関한意見書 (財務部所管)

國際商業會議所決議에関한意見書 (財務部、商工部所管)

ᅵᄃ○憲章三、四、六 條編入에関한意見書 (財務部、商工部所管)

一般協定運用에関한意見書 (財務部、商工部所管)

(5) 其他資料

一般協定第三條乃至第九條、第十六條乃至第十八條外第二十條與第二十一條規定의 適用에関한資料 (財務部、商工部所管)

一般協定第十條規定에関한資料 (財務部、商工部所管)

(다) 代表團의構成

第五次 "토ー퀘이" 會議에서는関税交渉會議가併行되었기때문에各産業部門別専門委員을合하여約一千名의代表가参集하였으나 第六次 "제네바" 會議는單只締約國團의 定期總會이기때문에専門行政官을合하여三百名未満의代表가参集하였을뿐이었다

次期第七次總會에서도関税交渉會議는予想치않음으로亦是第六次會議程度의代表가参集할것으로推測되는바既往의代表構成을보면은最少五名으로부터最大四十名까지로되

어있고 大概 關稅、貿易、金融및外交系統의 專門家이며 또 그 代表의 過半數는 過去의 會

議에 數次 參席한 經驗者들이었다 第六次 會議에 招請을받지도않은 日本이 自進申請에依

하여 "옵써ー버" 로 參加하面서도 三名의 專門家를 派遣한것을볼때에 그네들이 GATT

會議를얼마나 重要視하는가를알수있었다

韓國이 署名을하게되면 次期總會에서는 正式締約當事國으로서 決議權을가지게되며 또各

部門別作業部會에 도分擔하여 參席해야함으로 各其 部門別事務量의比重에따라 關稅二、

貿易一、 金融一、 外交一의 比例로最少限 五名程度의 代表를派遣할必要가있다고믿는

바이다

第四 加入의 得失

1. 實質的인 效果

GATT加入의 實質的效果는 關稅의 讓歩와 差別待遇의 除去에있다 締約國은 前後 五年間

에걸쳐서多角的인 關稅交涉의 結果總計 四一七個表 五八、八〇〇項目에 達하는 驚異的인 關稅

讓歩가 成就되었다 그 內譯을보면 各締約國은 모두 數百乃至 數千項目에 達하는 讓歩를한데

一七

此하여 韓國은 〃로ー췌이〃 會議에서 不過 三十一 項目의 讓步를 하였을뿐이다

〃도ー췌이〃 會議當時는 韓國이 六·二五事變이라는 未曾有의 戰亂中에있는만큼各國의 同情

이 韓國에 集中되어 韓國의 損失을 意味하는 關稅讓步의 要求가 적어 있었든탓이라고보는바 別紙美

國大使館의 覺書에서도 指摘한바와같이 韓國은 最少의 讓步로서 最大의 惠澤을받게되는것이

다

韓國은 前記讓步로 因하여 約 十億圓의 減收가 豫想되나 最惠國待遇의 結果로他締約國으로

부터 前記 五八·〇〇 項目에 達하는 特惠稅率의 適用 (正確한 計算은 困難하나 輸出品의 大部

分에 亘하여 惠澤을받음) 을받기로되어 韓國의 輸出貿易에 큰도움이될것이다

또 GATT는 關稅讓步와 아울러輸出入上의 誇制限撤去와 節次의 簡素化를 期하고있음으로

GATT에 加入하게되면 韓國産品에 對하여는 一切의差別待遇가 除去되는것이다

乙、 政治的인效果

一九五〇年九月 韓國이 未曾有의 戰亂中에 있으면서도 〃도ー췌이〃 會議에 代表를 派遣한데

對하여 參加國代表間에 많은好評을받았고、 또第六次 〃케네바〃 會議에서도 各國代表들이

好意的인關心을가지고直接間接으로많은助言을하여주었다

一八

〝로ー퀘이〞議定書에 署名을함으로써韓國은世界貿易의 八割以上을左右하는 各締約國과

行伍하여 相互間에 理解틀값이하고 今後의 國際的인貿易發展에는 勿論이요、 韓國復興에 對

한經濟援助(註)에도 多大한 好影響을 가져올것이다

註· GATT 締約國中三〇個이 韓國에 對하여 經濟援助를 하고있다

3、 加入遲延의影響

韓國의GATT加入의遲延은 別紙GATT事務當局및美國大使館의覺書와駐美·英韓國

代表部의公翰에서 指摘한바와같이 政治的으로 매우좋지못한印象을줄뿐만아니라 今後의

各國과의貿易關係에 있어서도 不利한立場에處하게될것이다

日本은GATT加入을熱望하면서도 英國을비롯한競爭的인貿易關係에 있는 國家群의妨害

로말미아마아직目的을이루지못하고있다 그러나第六次會議에처음으로 〝옵써ー버〞로

參加하였고 次期會議에는 正式加入이決定될것으로믿어지는바 萬一韓國이日本보다늦게

加入하게된다면 政治的으로는 勿論이요 經濟的으로도 大端히 不利한立場에서게될것은事實

이다

4、 加入後의變更

GATT는 現實을 尊重하고 現實의 地盤위에서 諸問題의 解決發展을 期한다는 趣旨에서여러

가지例外措置를 認定하고있다 韓國이加入한後不如意한事態가發生된다든가、또는그加

入으로말미아마重大한損失을보게될때에는各其免責條項에依하여그賦課된讓步나義務를

撤回、修正또는變更할수도있고境遇에따라서는脫退도自由로할수있게되어있다

第五 結言

一九五〇年九月에我國政府는 〃도-쿠에이〃 関税會議에招請하여別記한바와같이三十一項目

의関税讓步와GATT의加入을約束하였으나其當時는아직GATT에関한充分한情報를入

手치못하여署名에自信을갖지못하기때문에爲先期日을延長하고第六次〃제네바〃會議에 小

職等二名의代表를派遣하여이에對한充分한資料를蒐集케한것인바 以上에復命한바와같이

韓國으로서GATT加入을躊躇할 何等의理由가없을뿐더러 六·二五事變以來國際貿易依

存度가漸次增大하여가는이때에物資導入을圓滑히하는見地에서나 또는現在UN의經濟的

援助를받으오將次도繼續하여받아야할處地로서이에正式으로加入하여國際的으로協調하여나

가는것이 가장賢明한길이라고確信하는바이다

參照　美國大使館의覺書와駐美韓國大使館의公翰및GATT事務局과
駐英韓國公使館의公翰

覺　書

一九五一年七月　　駐韓美國大使館

美國大使館은韓國이GATT에加入함으로써生기는下記利益에對하며韓國政府가關心을가지도록要請합니다

1. 여러國際的好意는 〃로ー쿼이〃 議定書에韓國이參加함으로써GATT締約國間에서生할것입니다　自由世界의貿易의本質과計劃에對한韓國의主張은一般協定內에서具体化할것입니다

韓國에對한如斯한好意的인研究는韓國의獨立과自由를維持함에이루어지는現在의UN의犧牲으로볼때에매우重大한일입니다

그외反對로 〃도ー쿼이〃 會議에招待받은後議定書에對한韓國의不參加는그參加國에對하여매우종지못한印象을줄것입니다　거기에서받은最初의좋은評判은처음으로參加한重要한國際舞台에서成事치못하고失敗함으로써　아주水泡以上으로도라가고말것입니다

二

〝로―케이〞議定書에 署名함으로써韓國은 世界貿易의 八割을左右하는 國家들로부터一種

簡單하고 經濟的인 交涉으로써協定의 一般規定에 包含되어 있는 保證을 獲得할 것입니다

萬一韓國이 議定書에서 脫退한다면最惠國待遇한가지의 保證만도 韓國과 其他國과의 個別的

協定에 依하여야하며 이는 經驗있는 外交官이 不足한韓國으로써 長期間을 要함무거운짐입

니다

2. 韓國의 一般協定參加는 將來關稅率交涉에 있어서 가장能率的으로 行할 國際的貿易關係

의基礎를建設하는 것입니다

×

×

×

一九五二年三月

外務部長官 貴下

駐美韓國大使舘

前略 閣下는GATT機關을 囬想하실것입니다 美國務省은我國이GATT締結의批准을

熱望하는바 그期限은三月三十一日입니다 美國務省의意見으로서는我國이GATT締約

國이되는것이政治的으로有利하다는것입니다 他方GATT의〝로―케이〞會議에參席

하도록 韓國을 招請하기로 決定하였을때에 美國政府가 友誼깊게 提案하였었고 또 多數國家가 그

를 支持하였읍니다 萬一韓國이 GATT를 批准하지않는다면 大端히 失望하게될것입니다

我國政府는 昨年의 "제네바" 會議에 代表를 派遣하였고 또한 그 代表는 모든 必要한 事實을

充分히 알고있었을것입니다 더욱히 駐英公使 尹氏가 一九五〇年 "로-췌이" 會議에 関한 情

報를 本國政府에 提供하였을것입니다 本件에 関한 貴下의 回答을 기다립니다 商工部長官

에게도 이 事實에 對하여 通告하였읍니다

x　　x　　x

西紀 一九五一年 五月一日

國際貿易機関暫定委員會(제네바市)

書記長　이·윈담·화인

駐英韓國公使　貴下

本人은 "로-췌이" 會議에 對한 韓國의 関税讓步計劃表問題에 関한 四月二十一日字貴書翰에

言及함을 光榮으로 生覺합니다 議定書에 讓步計劃表를 添付치않겠다는貴下要請이 議定書에

署名한後에 到着되된関係로 現在로서는 그 要請은 有效케되지않을것이거정되는바입니다

三三

他方〝로―췌야〟議定書에讓步計劃表를單只添附함은韓國政府에何等의義務를負擔케하는

것은아닙니다 그러한義務는適當한時期에韓國政府를代表하여議定書에署名하였을때에發

生하는것입니다

그럼으로現下의狀態에서 우리는〝로―췌야〟議定書에依한同意를要求하는것은韓國政府

의目的이아니라는것을協定參加各國에通知하여야할것입니다 그렇게되면計劃表에있어讓

步는廢棄될것입니다 後日協定參加國은計劃表로부터그物品의移動에對한議定書의改正과

같은適當한節次를밟을것입니다 이方法은가장合法的이고正確한節次일뿐만아니라 韓國

이그러한交涉으로부터脫退하는最後瞬間을包含하지않는有利한政治的解決입니다 本人은

이것은政治的인見地에서볼때에不利한印象을줄것으로 生覺합니다 그러나如何한政府도

交涉의終末에있어서形便을考察한後議定書에署名치않을수있으며 또議定書에同意치않기

로決定할權利가있는것은事實입니다

×　　　×　　　×

西紀一九五一年六月十八日

駐英韓國公使館

外務部長官 貴下

"도―쿠이" 議定書에서 韓國의 關稅讓步表를 撤回하고 거기함에關한本年五月七日字本件代表部

任書記官報告에關하여는本官은上記任氏報告에添附된五月一日字寫本과如히國際貿易機関

暫定委員會書記長의提案에비추어最終的으로如何히處理할것인지에關한本國政府로부터의

指示를받지못하였음에注目합니다

本官은生覺하기를아마關係部處間에會合을열어야될것이고本件은徹底히論議되어야함

니다

會議結果에依한適切한指示의早速한受取는前記 "께네바" 로부터의書翰에對한遲延된回答

을履行하게될것입니다

本官個人意見으로는會議에서決定된讓步를固守함으로써物質的인또는어느程度의困難에逢着

될것인가를疑心하며더하는만큼友對로우리는이國際的으로意義가있은會議의調印國이됨으로

서政治的으로利益을받을여러가지理由가있는故로 "도―쿠이" 會議에서脫退하지않는것이

政府로서最善의길이라고生覺합니다

一九五一年九月 제네바 國際關稅貿易會議經過報告

一九五一年九月 〝제네바〞 國際關稅貿易會議經過報告

槪說

「關稅및貿易에關한一般協定」(GATT)의 締約當事國團第六次會議는四十四國代表

와五個國際機關代表參席下에一九五一年九月十七日부터瑞西國제네바市(UN의 殿堂)

에서開催되어同年十月二十七日에終了하였다

本會議에서는關稅讓步에關한交涉은없었고 一般協定締約當事國(以下締約國이라고略稱

함)의 定期總會로서關稅와貿易에關한諸般障害의除去와一般協定違反에對한審理判決을

하는等世界的인規模에서通商問題를討議解決하는唯一한舞台로서特히많은問題를處理하였

다

開會劈頭에議長(諾威代表)은本會議에參席한二百餘名의代表에對하여 그勞苦를謝하는

同時에佛國商務相、加奈多貿易商工相、美國國務次官、英國貿易廳總裁與其他各國大使

公使級의代表로參席한데對하여特히歡迎을하고 每年定期總會에는長官級의參席이慣例가

一

되기를希望한다고하였다

그리고GATT의重要性을强調하여

1. 國際貿易機関（ITO）設立이期待難이라는것이明白히되었음으로GATT만이世界的規模로國際的인通商問題를取扱하는唯一한組織体이다

2. 世界經濟가多數의新壓力과緊張에直面하고있음으로GATT를强化하고그基本的인目的達成에加一層努力하여야한다고力說하였다

過去數次의會議의結果關稅率의實質的低減과關稅水準의安定性을成就하였으나 우리는앞으로通商에關한諸障害를除去하기爲하여 더많은努力을하여야한다 今次會議에서는各締約國의國際的인財政的地位와收支均衡을爲하여取하고있는모든制限事項의檢討、量的制限과國內産業의保護手段에依한諸障害除去問題、新規加入에關한問題、税関課税價格의評價와輸出入通関節次問題、差別的인國內税問題等多數의重要事項을討議解決하고거하니各國代表의最大의協調를要望한다고하였다

會期中에上程된議題는約三十餘에達하였으나 各國代表는始終一貫하게誠意있는眞摯한態度로會議를進行한結果、그大部分이爲先解決되었다

二

特히美英等强大國代表의 謙虚한態度에는 많은感銘을받었다

參加國

(가) GATT의 締約當事國(三○國)

濠洲、白耳義、부라질、버ー마、加奈多、세이론、智利、큐ー바、첵코스로바키아、
丁抹、도미니칸共和國、芬蘭、佛蘭西、希臘、하이티、印度、인도네시아、伊太利、
리베리아、룩셈부루구、和蘭、新西蘭、니가라구아、諾威、파키스탄、南로ー데시아、
瑞典、南阿聯邦、英國、美國

(나) "옵써ー버"派遣國(一四國)

埃地利、獨逸聯邦共和國、大韓民國、페루ー、比律賓、土耳其、우루과이、보리비아、
埃及、墨西哥、瑞西、베네쩨라、유ー고스라비아、日本(註)

┌ 日本은本來招請되지않았으나日本政府의要請에依하여會議途中부러參席함

(다) "옵써ー버"派遣機關

國際聯合、國際通貨基金、國際勞動機關、歐洲經濟協力機構、歐洲関税同盟研究部

三

議　題

本會議에 上程된 議案은 左의 五項目에 分類할수있다

一. 一般協定 및 議定書의 實施에 關한 事項
二. 各國政府와 非政府機關의 提案事項
三. 關稅率과 關稅交涉에 關한 事項
四. 一般協定運營에 關한 事項
五. 其他事項

第一. 一般協定 및 議定書의 實施에 關한 事項

1. 國際收支의 制限

一般協定 第十一條는 輸出入品에 關한 禁止 또는 制限은 一般的으로 하지못하게 되어있으나 어떤 限定된 境遇 即 一國의 國際收支狀態가 重大危機에 逢着하고있다든가 또는 通貨準備가 極히 低率인 境遇에는 事前通告와 他締約國과 協議下에 制限을 實施할수있게 되어있다

第五次 總會에서 質問書의 形式으로 要請된 本件에 關한 各締約國이 收支制限狀況報告와

그에 對한 意見이 開陳되었다. 韓國戰爭의 影響으로 國防에 對한 關心이 增大하였기때문

에 差別的인 制限의 緩和는 意速히 改善되지 못할것이나 各 締約國은 可及的 制限을 除去하

기 爲하여 各自의 立場을 再檢討하도록 要請되었다.

2. 國際通貨基金과 特別換協定

GATT의 一般目的은 關稅의 引下와 其他 通商障壁을 除去하는데 있다. 各國은 各種의

通貨措置를 하기때문에 關稅引下의 效果는 無意味하게된다. GATT 締約國은 國際的

通貨政策에 協調하기 爲하여 大部分이 國際通貨基金에 加入하거나 또는 特別換協定을 締

結하고 있다. 그리고 海總會에서 締約國團은 各 締約國의 金融狀態를 檢討하는 同時에 基

金이나 換協定에 參加하지않은 GATT 新加入國의 對外信用狀態를 調査하기로되어있다

通貨基金代表로부터 "하이티" 國과 "인도네시아" 國이 各 締約國과의 特別換協定을

受諾하였다는 報告가 있었다.

3. 第二十條第二項의 再審議

一般協定에 依하면 締約國은 終戰後의 過渡期에 限하여 一般協定의 條項에 背馳되는 特別

措置를 取할수있다. 即 輸出入의 量的 制限禁止에 關한 一般協定의 例外로서 第二十條에

는 締約國은거 二程度의 制限은 있지만 다음 三目的達成을 爲하여 必要한 措置를 取할수있기

로되어있다 即

(a) 供給過少. 物資의 獲得또는 配給을 爲하여 必要한 境遇

(b) 終戰에따르之物資不足에 困難을받는國家가 價格의 統制를 爲하여 必要한 境遇

(c) 終戰으로因하여생긴 一時的인 物資의 過剩을 解消하기爲하여 必要한 境遇

本來 上記手段에依한 過渡的措置는 一九五一年一月一日까지에 限하기로되었으나 第五次 總會에서 當時 韓國戰爭으로因하여 周圍의 事情이 아직 同協定立案時의 期待에어 그러찍기 때문에 一年間延長하기로合意를보았든것이다 그러나 이러한事情이 依然改善되지않기 때문에 今回會議에서 또다시 二年間延長하며 一九五四年一月一日까지 繼續하기로 決定되었다

4. 議定書및附屬明細表의 現狀、關稅讓步의修正과 "제네바", "아네시", "토ー퀘이" 會議의 各明細表의 統合

各明細表와 附屬明細表의 現狀을 再檢討하고 各讓步表에對하여 修正또는 撤回를 申請한 締約國이있음으로이를 認定하고 또 前三回의 關稅讓步의 明細表를 統合하며 一九五一年末까지에 刊行公表키로하였다

5. "토ー케이" 議定書의 調印期間延長

"토ー케이" 議定書의 調印期은 一九五一年十月二十一日까지로하게되어있으나 各國은國

會의 認准또는 其他行政上의 節次를 理由로 左와 如히期間延長을 申請하였음으로 이를本會

議에附議한結果 承認되었다

"부라지루"、丁抹、英國은： 一九五一年十二月三十一日

伊太利 一九五二年 二月二十八日

韓國 一九五二年 三月三十一日

比律賓 一九五二年 五月二十二日

第五次"토ー케이"會議에서 新規加入을希望한나라中 西獨逸、"페루"、土其其및澳地利

는各々 一九五一年九月一日、九月七日、九月十七日및九月十九日諸印畢了하였음으로

그三十日後인十月一日、十月 七日 十月十七日및十月十九日正式締約國이되었다 締

約國團은또한"우루과이"政府의"아비시"및"토ー케이"兩議定書署名期限延長申請

을参照하고 一九五二年四月三十日까지로署名期限의延長을承認하였다

6. 南亞弗利加、南로ー데시아間의関税同盟에関한第二回年次報告

西國의 關稅同盟理事會로부터 第二回 年次報告가 提出되어 이것이 接受되고 또 兩政府에對

하여 左의 措置를 取할것을 要請하였다

(가) 一九五二年七月一日까지에 西國의 領土間의 關稅및貿易上의 差別待遇와 他締約國으

로부터의 輸入品에 對하여 同一標準에依하여 課稅하는것에關한 措置의 進捗狀況을 報告할것

(나) 同盟完成에關한 一定한 案과 計劃을 一九五四年一月一日까지 提出할것

八

7. "니까라가", "사루바도루" 間의 自由貿易地帶設定問題

"니까라가"는 姉妹共和國 "사루바도루" 間에 自由貿易地帶를 設定하기로하고 將次는 關稅

同盟에까지 進展하기로 協定하였다고 通告하여왔다 一般協定第二十四條의 規定에依하

여締約國은 "니까라가"의 提案이 關係各國에미치는 影響과 實施時期에關하여 檢討한結果

一般協定第二十四條의 趣旨에 背馳되지않는 條件下에 이를 假承認하고 次期會議에代表를

派遣하도록 要請하며 그때에 다시 詳細히 檢討하여 最後決定하기로 議決하다

第二

1. 各國政府외 非政府機關의 提案事項

美國과 "첵코스로바키아" 間의 通商斷絕의件

美國은 一九五一年七月三十一日字로 "첵코스로바키아"에附與한 一般協定上의 利益을 取消

한다고 公式으로 通告하여왔다 이 問題에 関하여 "첵코" 代表는美國의 行動은 政治的인 意圖에서 나온것이기때문에 ㅣㅜ○ 憲章第 八十六 條第 三項에 依하여 本會議의 討議에서 除外되어야한다고 主張하였다 美國代表는 取消의 理由를 說明하여 ㄱ "첵코" 의 經濟制度는美國이 一般協定에서 期待한 經濟上의 利益을 保障할수없다 一九四七年 兩國間에 交渉이 開始된 以後 "첵코" 는 根本的으로 全經濟制度와 美國에 對한態度를 變更하였다 二國間에 有效한 通商関係를 維持하려하며 二 相當程度의 寬容·尊敬·誠實이 必要한데 兩國間에 二것이 缺如되어 있다 라고 主張하였다

希臘代表는 ㄱ 各國은 "첵코" 政府의 國家貿易制度에 直面하고있다 거기에는 通商의 自由도없고 또 需要·供給의 原則도없다 나는美國의 提案에 同意한다ㄴ 고發言하였다

"첵코" 代表는 ㄱ 政策을 變更한것은美國이다 美國은 어떤生産品의 對·첵코·輸出을 禁止하였다 此協定의 眞實한 目的은 權利의 同等과相互의 經濟上의 利益을 基礎로하여 政治的 勢에 関係없이 이 締約國間에 正常的인 通商関係를 維持하는데 있다 그러나美國은 一九四八年 以來 組織的 統制를 始作하여 漸次로 "첵코"에 對한輸出을 減少시켰다ㄴ 라고抗辯하였다

佛蘭西代表는 ㄱ 兩國代表의 演説을듣고 兩國間의 情勢가 惡化되어 一般協定에 依한 利益이

九

消失되었다는 事實을 認識한다　締約國은 兩國間의 全關係의 惡化에서生간情勢에注目하

면足하다　따라서 以上本 問題를 調査하는 것은 締約國의 일이 아니다　唯一한 有效手段

은 西國이 本協定에 依하여 相互間貿易을 하고 있는 經濟的義務를 解除하는것이다　그러나 締

約國으로서는 兩國間의 全關係가 將來改善될것을 衷心으로 希望하는바이다 라고發言하였다

伊太利代表는 前數回의 討議에서받은 印象으로서 締約國은 二國間의 緩和

하기는 困難하다　그러므로 英佛代表가 指摘한바와같이 美國代表가 提案한 宣言書를 承認

할수밖에 없다 라고發言하였다

本件은 黙殺投票의 結果　贊成二四、反對一　棄權四 로서美國提案이 承認되었다　이에

"체코" 代表는 美國에 對한 一般協定에 依한 特惠待遇를 取消한다 고 宣言하고 西國代表

는 各々 西國間의 特惠待遇의 取消는 他締約國에 何等變更이 없다 라고 證言하였다

이로서 數日間에걸쳐서 激烈한 論爭이버려졌든 本問題가 落着되었다

2. "하바나"憲章第三、四、六條를 一般協定에 包含하기爲한修正의件

第五次總會에서 諾威代表가 "하바나"憲章實施問題가 無期延長되므로 그 憲章中雇傭과 經

濟活動에 關한 規定을 一般協定에 包含시키자고 提案한데 對하여 그 當時는 時期尚早라고하

여 決定을보지 못하였으나 今次會議에서 再檢討하기를 要請하였다

一〇

英國代表는「一般協定의前文에있어는것파같이國際貿易의擴張은 그自身이目的이아니고

生活水準의向上、完全雇傭、実質所得밋有效需要의確保를爲한手段이다 完全雇傭問

題가經濟社會理事會와歐洲經濟協力機構에서重要한議題로되어있는데비추어國際貿易

政策에基礎를두는一般協定에此等規定이包含되어야할것은當然한일이다」라고賛意를

表하였다 이에對하여美國其他數個國代表는原則的으로賛成이나 "하바나"憲章実施가

가까운將來에可望이있다고하면그以外에도本協定에包含시킬것이좋으니이問題는次期

에一括하여再檢討하기로하자고改議하여그意見의一致를보았다

諸威代表는本問題를再提起할權利를保留하겠다고말하다

3. 佛領西亜弗利加의関税率調整의件

佛國代表는本問題는美國政府와個別交渉에依하여解決策을講究후後次期會議에再

提起하겠다고하여撤回하다

4. 英國의購買税에関한第五次總會以後의措置報告

第五次總會時에英國政府가大部分의購買税가免除되어있는內産品과同種同質의輸入

品에對하여購買税를賦課하고있는데對하여一般協定第三條違反이라고한和蘭、加奈多、

佛蘭西、伊太利等數個國의提訴에對하여그是正을約束한바있었다 今般會議에서英國

二

代表는 本問題에 関하여 特別委員會를 設置하고 그 改正을 하기爲하여 現狀을 検討하고 있으

니 좀더 時間의 餘裕를 주기를 要望하고 發言한 데 對하여 그 影響을 받고 있는 締約國의 代表

로부터 그 是正이 遅滞되데 對하여 遺憾의 뜻을 表明하고 可及的으로 速히 此問題를 解決하기를 要

請하였다.

英國代表는 不遠將來에 이 問題를 満足할만하게 修正하겠다고 確約하였다. 締約國들은 英

國代表의 陳述을 記録하였으며 案件을 次期會議의 議事目次에 保留하기로 意見이 一致하였다.

5. "부라질" 內國税

"부라질"이 佛蘭西、英國과 美國의 輸出品 (판약: 消化剤、時計、清酒와 煙草) 에 差別的

인 內國税를 賦課하고 있는데 對하여 第五次總會에서 그 是正을 要請하였다. 佛國代表는 第

五次總會 以後의 經過를 聽取하기爲하여 本會議에 議題로 上程하였다. "부라질"代表는 그廃

止에 関한 法案을 "부라질" 議會에 付審議中에 있으니 不遠에 通過될것이라고 言明하였다.

6. 白耳義의 税金 (家族割當~雇傭人家族手當基金)

諾威및 丁抹代表는 白耳義가 佛蘭西、和蘭、英國等으로부터의 輸入에 對한 免税가 諾威에

는 許容되지 않는데 對하여 一般協定 第一條 違反이라고 本會議에 提訴하였다

白耳義代表는 佛國、和蘭、瑞典、英國의 境遇에는 政府가 免稅하는 特權을 使用한 것인데

丁抹 議威에 對하려는 政府와 稅制委員會間의 意見不一致로 아직 免稅가 適用되지못하고

왔다 今週에 白耳義政府의 經濟調整委員會가 開催될 豫定이니 이本委員會에 諸威및丁抹代

表의 意見을 傳達하여 善處하도록 要請하겠다고 確約하였다

議長은 免稅는 一般協定第一條에 依하여 適用되는것이 아니라고 結論하여 白耳義代表의 示

唆에 依하여 討議를 延期하기로 提案하여 可決하다

7.
酪農品에 對한 美國의 輸入制限

美國이 一九五一年八月十日에 防衛生產法의 改正에 依하여 油脂 "바타-" "치-즈"와

"가세인" 의 輸入에 制限을 加하여 例年의 5/2 로한다고 聲明하였다 和蘭代表는 이問題

를 本會議에 提訴하여 말하기를 「美國의 如斯한措置는 一般協定第十一條에 依하여 認定된

特權의 放棄와 侵略일뿐만아니라 "마살" 計劃에 對한 和蘭의 努力을 無效化하는것이며

和蘭에 對하여 心理的惡影響을 줄뿐이라 和蘭政府는 對美輸出減少로 因한外貨不足으로

말미아마美國에 供與한特權의 停止를 要請한다」 고發言하였다

加奈多代表는 酪農品輸入이 國防生產과 國家의 安全保障에 何等의關係가없다고 强調하였다

丁抹代表는 丁抹의 酪農品生産의 復興은 "마샬」 援助計劃과 美國經濟協助處의 助言의 結果라고 謝意를表하고 同時에 美國의 輸入制限은 丁抹에對하여 큰 打擊을 주는것이라고

하고 美國의 如斯한 措置는 第十一條遠反이나 締約國團은 이를 調査하여야한다 고 말하였다

伊太利代表도 이에 贊成한다 고 하였다

新西蘭代表는 此問題는 今次會議의 議題中 가장 重要한것이며 이에對한 美國의 態度는 本 協定運營에 있어서 甚大한 心理的影響을 주는것이라고 說하였다

濠洲、佛蘭西、芬蘭、英國代表는 各。이에對한 美國政府의 緩和措置를要請하였다

美國代表는 「本件이生긴事情은 勢力의分配로하는 美國憲法의結果이라 고하고

本件에關하여 國務長官은 議會에對하여 此案의廢棄를要請하고있다。그러나 廢棄가實 施되기까지는 아직時日을 要할것이다

있으나 萬一或 때치못하면 그때에는다시關係締約國과交涉할用意가있다」고答辯하 다。이에對하여 丁抹代表는 美國代表의 交涉의用意가있다는 程度로는 滿足치못하겠다

制限措置의廢棄만이必要한것이다 一般協定의原則의問題이다 美國代表는 締約國 의一致한 意見을 美政府에 傳達하기를 바란다고하였다

一四

議長은最後에發言하여「本問題는討議를通하며三個의結論에到達하였다。 即第一은

國防生産法第一○四部門이協定第十一條違反이라고하는것 美國代表도其違反을認

定하였다는것 王美國政府當該部가一○四部門의廢棄에努力하고있다는것、第二는

右努力이庚敗에歸하였을때에는協定第二十三條에依하여其侵害廢棄事實을檢討하여

他締約國의特權停止를考慮할것

第三은本重要事件의結果는一般協定의將來運營에있어서가장큰影響을주는것이라고

多數의代表가認定하였다」는것이라고結論하였다

美國代表는國防生産法과一○四部門制定은決코美政府의政策轉換行爲가아니니誤解

하지않도록要望하였다

8. 國際商業會議所의決議、

非政府團體인國際商業會議所의提案의提議 可能與否에關하여長時間論議되다가結局

各締約國이必要하다고認定하여支持할境遇에는可能한것이라는結論에到達하였다、

이問題는作業部會에附議하여檢討한結果 次期會議에提議하기로하며

이提議의主要한骨子는다음과같다

一五

가. 見本品과 廣告品

나. 通關을爲한 物品의 稅關의 評價

다. 製品의 國籍

라. 書式의 要件과 領事의 査證

마. 量的 制限에 關한 節次

第三. 關稅率과 關稅交涉에 關한 事項

1. 關稅率 交涉協定

美國은 "제네바", "아비시", 토-퀸앙의 關稅交涉會議와 같은 大會議를 開催아니하고도 關稅交涉을할수있는 新措置를 提案하였다

上記와같은 大會議나 가까운將來에는있을것으로 豫想치않으나 新規加入希望國이生기거나또는 締約國과 新加入希望國間에 關稅交涉을 하려고하는 境遇에는 簡易한方法으로 交涉할수있는 方途가必要하다는것이다

英國代表는 日本과같은 大貿易國을 이런措置에依하여 加入시키는것은 弊害가있다고力 説하였다 그러나各締約國代表는 大部分이 그必要性을强調하여 賛同하였다

一六

本件은 詳細히 研究하기爲하여 作業部會에 廻附하였다

2. 關稅讓步表의 變更

英國은 修正案을 會議前에 提議하였다　英國의 案은 明細表의 術語를 關稅率表上 物品의

分類에 關한 "부랏셀" 規約에 依하여 變更하자는것이다　이는모다專門的인 技術問題

이기때문에 作業部會에 廻附하였다

3. 明細表第二十號中讓步撤回에 關한 報告

一九四九年 "제네바"에서中國과交步한 項目을 其後中國이 脫退하였음으로 그明細表에

서撤回하였다고 "하이티" 國代表는 申請하였다　第五次

總會에서 "체코" 代表가 美國關稅率 一五二六 — A項目 (婦人 帽子 및 둥度 헬트帽体)

에 對하여 一九四七年에協定한 稅率讓步를 美國이 取消한것을 問題로하였다　美國은 一

九五○年 十一月 一日에 美國關稅委員會의 決議에따라서 一般協定第十九條의 規定에依

하여 上記物品에 對한 關稅讓步를 一九五○年 十二月 一日부터 取消한다고 聲明하였다

美國은 第十九條第二項에 依하여 關係國 (체코 佛國 伊太利) 과交步하였으나 "체코"

七七

와의交涉結果는滿足지못하겠다 "췌코"는 이問題를今般會議에다시提訴하였으나

美國의對"췌코"의特惠待遇의全面的取消로말미아마數日동안을두고美國代表와"췌

코"間의激烈한論爭이있었지만 結局美國의措置가承認되었다

4. "도-퀘이"會議에서完結치못한第二十八條에依한交涉의結果, 交涉이完結치못하

였기때문에第七次會議에再提議하기로하다

5. 歐洲의關稅率不一致에關한調停作業部會의報告

別紙와같이作業部會의報告가있었다

6. 南阿聯邦과獨逸間에交換한關稅讓步의明細表十八및三十三號編入

南阿西利加聯邦과獨逸間에交換한獨逸은其後交涉이進涉되어一般協定의須

則과節次에따라相互讓步하였다 兩國政府는各締約國이各♡의讓步表에此等讓步에

關한適當한協定을할것을希望하고있다 議長은本問題를接討하기爲하여作業部會에

附託하기로提議하여可決되었다

7. 關稅의全般的인引下

佛國代表의提案인데 一般協定의

目的即國際貿易의擴張을爲하가

장 有效한 方法으로서 歐洲各國의 關稅를 一率的으로 三〇%引下하자는것인데 和蘭代表

는本提案이 事前協議없이 提出된것에 놀랐다. "토-퀘이는 會議에서 締約國은 十個國

으로 構成된 作業部會에 對하여 歐洲間 稅問題를 檢討하여 提案하도록 決議하였다 佛國

이 이 國家群과 協議도 없이 더욱히 利害關係가있는 "베네룩쓰" 諸國과도 協議하지않고

이 提案을한것은 遺憾이라고 發言하였다 丁抹代表는 高關稅國이 提出한 本提案이 低關

稅國에게는 關心이 클것이다 作業部會에 同問題의 硏究를 既而依賴하였으니 混亂을 避

하기爲하여 事前에 現存의 作業部會와 協議하기를 希望한다 고하였다

美國代表는 如斯한 提案은 愼重히 檢討되어야한다 問題가 重大함으로 硏究할 時日이 必

要하다 本提案은 本國政府에 傳達하였으나 今會期末까지 訓令을받을수가없기 때문

에 美國代表는 그 討議에參 加할수없다고 말하였다

印度代表는 本問題는 作業部會에 附議하기前에 佛國政府가 다시 잘接한後 外交 機關을

通하여 各締約國에 送附하여 그들로하여금 次期會議에서 討議할수있도록 準備시키기를

바란다고 말하였다

加奈多代表는 本問題를 休會中에 作業部會에 附議하기를 要望하였다

一九

結局各代表의 躊躇로말미암아 本問題는 次期會議에서 再論하기로하다

第四. 一般協定運營에関한事項

イ. 一般協定運營에関한事項

一般協定의継続的管理를爲한協議

本件에関하여第五次總會에서加奈多代表가常任委員會를設置하고 提案하였는데 第六次總會에서再検討하기로되어있었다 休會中의事務와總會의準備的인事務를處理하는便益이있다는것인데同問題에関한作業部會의報告에依하여検討한바結局本會議에서도時期尙早論. 愼重論이나와서結局 一般協定의運營에関한今後의進展을보아서 再論하기로한다

第五. 其他事項

イ. 文書의出版

一般協定運營에関한書類를左記와如히出版하기로하다

(가) 一般協定 (修正全文)

(나) 議定書

(다) 宣言書

二〇

(라) 決定 및 決議文書

(마) 規則 및 解釋

(바) 進言書

(사) 議事節次

(아) 作業部會의 報告

2. 豫　算

事務局의 報告에 依하여 一九五一年度決算을 承認하고 一九五二年度 豫算案을 通過시키
다

五二年度 總豫算額은 三,一二三,○二弗 二五仙(美弗)로서 韓國의 負擔金은 二,六六九弗
二五仙로 決定되었다

負擔金은 各國의 貿易額을 基礎로하여 總計 一一七 單位 七等級으로 區分한것인데 韓國은
七級이며 一單位를 負擔하게 되었다

3. 第七次 總會開催 豫定에 關한件

右負擔金은 一九五二年 四月 三十日까지 事務局에 到着되도록 送金하기로 되었다

二一

第七次締約國團定期會議는 一九五二年六月十五日부터 瑞西國 제비바市에서 開催하기로 決議하다

二二

一九五○年九月 "도一춰이" 國際關稅貿易會議槪觀

一九五〇年九月 "도ー퀘이" 國際關稅會議의 槪觀

西紀一九四七年十月 "께네바"에서 調印된 「關稅및貿易에關한一般協定」(GATT)

에 基礎를둔 國際關稅會議는 三九個國代表의 出席下에 西紀一九五〇年九月二十八日부터英國

"도ー퀘이"에서 開催되었다 此會議에서는 各國相互間의 多角的 關稅引下交涉과 協定締約

當事國(以下締約國이라고함)의 第五次總會併行的으로 行하여졌다

前者는 "께네바" 會議(一九四七年) "아네시" 會議(一九四九年)에 繼續된第三次의

引下交涉으로서前二次의加盟國三二個國과新加盟希望國七個國과의사이에個別的으로行하

여一九五一年四月二十一日로서終了하였다

後者는一般協定의諸條項에關하여生기는諸問題를討議解決하기爲한締約當事國의定期的

會合으로서 "옵서버"로出席한國家들을加하면參加國은四四個國이며其外에三個의國際機関

이 "옵서버"로參席하여一九五〇年十一月二日부터開始되어十二月十六日에終了하였다

此會議가開始될무렵부터韓國動乱이深刻하여짐에따라國際經濟情勢가急激히變動하였음

으로 豫想外의 困難한 諸問題와 各國利害의 變化로 因하여 會議는 從前과는 判異한 樣相을 示顯하였다

關稅交涉

關稅의 引下와 特惠의 除去를 目標로한 交涉을 開始함에 있어서 參加各國은 此回의 交涉이 前二次의 그것보다 더욱 많은 困難에 逢着할것으로 豫想하고 있었다 各國政府가 交涉의 基礎로代表國에게 携帶시킨 資料와 訓令은 情勢가 激變하기 前의 것이고 또 當面實行可能한 讓步에 關하여는 舊加盟國은 前二次의 交涉에서 大部分이 提出되었음으로 各國은 말하자면 空手로 參席한 셈이었다

輸出市場獲得競爭이 激甚하及든 從前의 觀点으로보면 美國의 關稅는 依然高率이고 英聯邦의 特惠制度는 國際收支狀態가 好轉되었음에 도不拘하고 如前하였으며 歐洲支拂同盟의 成立은 関稅가 歐洲市場의 最後의 防壁인듯한感을 外部에 주었고 또 "슈-망푸랜" 은 一種의 特惠制度와 도같이보이었다 그外에 新參加國인 西獨과 美國과의 個別交涉의 結果는 國際市場에 있어서의 最近의 西獨의 進出에 비쳐서 多大한 關心을 集中시켰다 이러한 事情으로 因하여 多角的인 交涉이 期待되였든것이다

然이나 交涉開始後 世界市場의 情勢는 判然히 緊張의 度를 加하였다

商品需要度는 높아지고 原料不足과 軍需生産의 增大로 더욱 供給을 制限하기에 이르렀다 이

러한 事態로말미암아 關稅交涉에 對한 參加國々內의 關心이 稀薄하여지고 各代表國도 非常한

警戒心을가지고 交涉을 行하였으나 特히後 述하는바와같이 第五次總會의 進行에 따라 關稅上

의 讓步를他 形態의 貿易制限에 依하여 "카바-" 하는 打開策에 依賴하는것이 이미 希望이 薄

弱하여 젓기때문에 交涉은 매우 遲滯되여 一九五一年四月二十一日까지걸너서 一四七個의 個

別協定이 成立 되었다 韓國도 此交涉會議에서 三十一項目에 對하여 關稅를 讓步하기로 協定

하였다 그外에 新參加國의 加入條件에 關한 議定書를 作成하였는데 그 條件은 "아네시" 에

서와같이 新參加六個國은 旣締約國의 三分之二의 贊成을 얻어 그 議定書에 署名하기로 되었다

署名期限은 一九五一年十月二十日이였으며 特히 "우루과이" 國은 同日까지에 "아네시"

議定書에 署名하여 締約國이 되기로 決定되었다 韓國도 此會議에서 加入하기로 決定하였다

第五次總會의 諸問題

年 一回 乃至 二回 開催되는 一般協定締約當事國總會는 關稅와 貿易政策上의 諸問題의 討究에

依한 通商促進의 行政技術的 解決과 本協定違反에 對한 審理判決에 亘하믄 活動分野를 包含하

二五

여 世界的 規模에서 運商問題를 討議解決하는 唯一한 舞台로서 特히 많은 問題를 處理하였다고

할수있다

會期中에 上程된 議題는 三十 以上에 達하였으며 그것은 하나를 除하고는 全部가 爲先解決되였

다 從來의 總會에서는 解決이 困難하고 議論의 餘地가 큰 問題는 回避遷延하는 傾向이 있었으

나 此回에서는 그러한 態度는 볼수 없었다 그것은 從來 遷延되여 너머온 問題가 以上 더 遷延됨

을 不許하게 되었고 또 美國政府의 一般協定에 對한 態度가 國際貿易機關憲章의 批准斷念과 關

聯하여 鞏固하여 졋기때문이였다

此回의 總會에 上程된 議案은 次의 四項目에 分類된다

一 協定運營事務에 關한 問題

二 法規問題

三 一般貿易政策問題와 提訴

四 個々의 國家에 있어서의 協定實施上의 係爭問題

第一 運營事務問題中 가장 各國의 關心을 集中시킨것은 加奈多代表가 提出한 常任委員會의 設

置案인데 이것을 總會에서 採擇하기로 되여 專門的인 作業部會가 同問題에 關한 各當事國政府

二六

에 送達하는 通告文을 作成하여 次 總會에서 이에 對한 回答에 따라서 다시 討議하기로 되었다

그러나 後述하는 바와 如히 一般協定强化問題에 對한 美國의 態度가 同國議會에 依하여 決定을

불것으로 期待된바이나 此强化案이 通過되면 協定運營機構는 加奈多의 提案 以上 根本的으로

擴充될것인데 元來 六月頃 「제네바」에서 開催될 豫定의 第六次 總會가 九月十七日로 延期된

것은 이러한 美國의 事情을 考慮하였기 때문이다

第二 法律問題에 關하여는 別로 特異한 것이 없었다 最終議定書의 準備와 一般協定에 依하여

成立된 從來의 關稅讓步 및 此面의 그것을 撤回 또는 修正할수 있는 期間을 三個年 延長하여 一九

五四年一月一日 까지로하는 宣言書를 作成하였다

第三 의 一般貿易政策上의 問題와 提訴의 分野에서는 三個의 議題가 上程되었다 爲先 一九五

一年三月現在로 各國이 實施中인 輸入制限을 確認하기 爲한 質問書가 作成되었다 다음은 事

務局으로하여 今數種의 輸出制限의 適用에 關하여 情報를 蒐集시키기로 決定되었다 따라서

이 兩種의 制限을 싸고도는 深刻한 討議가 第六次總會를 沸騰케할것으로 豫想되었다 또한 輸

入에 〃라이센스〃 및 許可의 賦與節次의 統一에 關하여 美國으로부터 提案이 있어 活潑한 討議

끝에 「貿易統制實施를 爲한 標準節次 規約」이 採擇되었다 但이 標準節次의 實施는 締約國

二七

의義務로하지않고專혀各國政府의意向에따라서하기로하였다

그리고此回의總會에特別한意義가認定되는것은第四項의問題로서協定成立以來의幾個의

難問題에關하여廣汎하고基礎的인作業이처음으로行하여졌다 그것은다음과같이分類된

다

(아) 現行保護政策에関한二、三의加盟國의通告에関한審議

(사) 事前에通告된一般的制限에関한協議

(다) 特殊한境遇에있어서의貿易制限의究明

〃 아네시 〃 의會議에서本協定에加入한伊太利、丁抹및 〃 하리티 〃 의三國은此回의會議에

서一般協定第十八條의規定에따라現在實施中인保護的措置에関하여總會에通告를提出하

였으나、前二國의通告內容은規定에抵觸되지않는것이確認되었음으로서撤回되었다

〃 하이티 〃 에對하여는同國이原料煙草栽培促進을爲하여煙草製品의輸入許可制度를五個

年間實施할것이承認되었다

(나) 의問題로서討議의焦点이된것은 〃 스타-링 〃 圈과智利가國際收支防衛를爲하여取한輸入

制限이다 一般協定은國際收支乃至通貨準備防止를爲한新制限을認定하고있으나 但事

二八

前의 通告와 他의 當事國과의 協議를 그 條件으로 하고 있다 ″스터ー링″ 圈과 智利와는 一九四

九年에 弗圈으로부터의 輸入에 對하여 此種의 差別待遇를 實施하였음으로 ″도ー궤이″에서

이에 對한 質疑에 應答할 義務가 있었으나 平價切下 後此等諸國의 國際收支가 改善되여 왔기때

문에 問題가 尖銳化하였다

國際通貨基金의 證言에 依하여 美國、白耳義、″큐ー바″、加奈陀의 諸國은 英國、濠洲、新

西蘭與 ″南로ー데시아″ 의 弗 ″포지숀″은 旣往에 此制限을 漸次緩和할수있는 狀態로되여

있다고 主張하였으나 智利、印度、″파키스탄″에 對하여는 이러한 主張을 示唆하지않었다

이에 對하여 英國其他는 愼重考慮를 約束하였으나 同時에 收支의 改善이 異常한 一時的要因의

結果에 不過하다는 危險性에 對하여 充分한 考慮를 하지않었다는 不滿을 表明하였다

또(다)에 關하여도 一連의 問題가 解決되였다

″부라지루″는 輸入品에 對한 差別的內國稅의 修正案을 總會에 提出하였다 前田提出된 濠

洲가 補助金政策에 依하여 輸入肥料에 對한 差別待遇를 하였다는 智利의 提訴에 對하여는 兩國

間에 諒解가 成立되였다는 報告가 있었다 英國의 購買稅가 其輸入品에 및이는 差別待遇에 對

한 和蘭의 提訴에 對하여는英國은 其矯正을 約束하였다 또現在의 國際情勢에 비쳐서供給不

二九

足物資及大量의政府〝스톡크〟가있는物資에關하여例外的인輸入管理를認定하는ㄴ期間을
延長한다는美國의提案에도同意가成立되었다　最後에米國이最近婦人用帽子에關한關稅
讓步를一般協定第十九條의免責條項에依하여撤回하고協定을侵害하였다는〝첵코〟의提
訴에關하여는開會後中間作業部會를設置하여檢討한後次回總會에서報告하기로되었다
이것이此回의總會에서解決을보지못한唯一의例인바또하나國際通貨基金의非加盟國인
〝新西蘭〟가一般協定第十五條에規定된個別通貨協定의調印을戰術的考慮에서拒否한것
은말하자면此回會議의〝마이너스〟의成果이었다

韓國과의關係

韓國은國際貿易機關暫定委員會(ICITO)의招請에依하여〝옵서버-〟로參加하기로
되여尹駐英公使를韓國代表로〝도-쿄이〟에派遣하였다
本會議勞頭에〝첵코〟代表가韓國의參加를反對하였지만美國代表를爲始하여多大數의代
表의贊成으로正式參加가可決되었다　同會議에서韓國은三十一項目의關稅를讓步하기로
하고一般協定加入에關한決議書가作成되었다　韓國의關稅讓步表는〝도-쿄이〟議定書
의附屬明細表第三十四號로서編入되였다　〝도-쿄이〟議定書에署名을하게되면正式加

三〇

入이決定되고署名日로부터三十日後에發効하게되여韓國은前記三十一項目에該當하는各締約國으로부터의輸入品에對하여關稅를讓步하게되는同時에各締約國으로부터韓國의輸出品에對하여旣往의 "제네바" "아네시一" 兩會議와 "토一퀘이" 會議에서相互協定된五八,八○○項目에達하는關稅讓步의惠澤을受하기로되는것이다 "토一퀘이" 議定書의署名期日은一九五一年十月二十一日로되여있으나第六次會議에서行政上의節次를理由로一九五二年三月三十一日까지延長하기로되었다

三一

國際貿易機關(ITO)과 關稅및貿易에關한 一般協定(GATT)의 解說

目次

結言 ……………………………………………………………………… 三四 七五

序說

ITO 의 槪念

ITO (International Trade Organization) 「國際貿易機關」 라함은 西紀 一九四八年 三月" 하바나 "(큐—바共和國首都)에서 開催된 國際聯合貿易雇傭會議에서 採擇된 「國際貿易機關憲章」에 依하여 組織되기로 決定된 國際聯合經濟社會理事會의 下部機構이다 그目的은 世界貿易의 促進改善을 圖謀하는데 있다

GATT 의 槪念

GATT (General Agreement on Tariffs and Trade)에 關한 一般協定」 이라함은 西紀 一九四七年" 제네바 "에서 開催된 國際聯合貿易雇傭準備會議에서 參加 二三個國間에 締結된 協定으로서 一九四八年 一月以降 暫定的으로 實施되고 있다

兩者의 類似点과 相異点

ITO와 GATT는 終局的으로는 生活水準의 向上, 完全雇傭의 確保, 有效需要의 增加, 資源의 完全利用, 生産及交換의 擴大를 目的으로 하는것으로 關稅와 其他貿易障壁

의 低減과 通商上의 差別待遇의 除去를 規定하고 있다 一九四七年 〝제네바〟 會議는 元來 ITO 憲章草案의 審議를 爲하여 召集되었든 것이다 그러나 兩者間에는 左記와 如히 明確한 相異点이 있다

第一 ITO는 國際的 ㄱ機關ㄴ이요 GATT는 加盟諸國에 依하여 締結된 ㄱ協定ㄴ이다 GATT에 比較對照될 것은 ITO가 아니고 ITO憲章이다

第二 GATT는 ITO憲章에 依하여 또는 이에 代身으로 締結될 것은 아니다 將來 ITO가 發効할 때에는 GATT는 ITO에 吸收될 것이다

兩者間에는 密接한 関係는 있으며서 또 成立은 全然 別個로 되었다

第三 ITO는 工憲章에 調印한 國家가 五三個國이지만는 批准한 것은 二個國에 不過하며 아직 發効치 못하고 있는데 對하여 GATT는 〝暫定的 適用에 関한 議定書〟에 依하여 一九四八年 一月에 實施되어 있고 締約當事國은 그後의 會議를 거쳐 三七個國에 達하고 있다

世界와 ITO및 GATT

ITO와 GATT는 모두 戰争으로 破壊된 國家의 國際貿易의 再建을 目的으로 하는 廣汎한 計劃의 一部分으로서 美國을 爲始하여 諸國家의 國際的 協力의 結晶이다 戰後 既히 七年을 經過한 今日

에있어서도世界經濟는國際貿易과支拂決濟가不均衡하고 이에隨伴하는貿易管理　換管理

及割當制가强化되어ㅇ-ㅣTO와GATT의究極의目標에到達하기에는依然遙遠한感이있지

만 이事實은決코ㅣTO나GATT의價値를減殺하는것은　아니고오히려그와反對로現

在의世界經濟가當面하고있는諸課題를解決하는一連의原則을確立하는것으로ㅣTO및G

ATT의今後의一層의成果가期待되는바이다

第一章　ITO의 槪要

第一節　ITO憲章成立의經緯

ITO의 着想

ITO에關한構想이一個의公文書로서나타난것은西紀一九四五年十一月에美國政府가公

表한「世界貿易및雇用의擴張에關한提案」이었는데이에關한構想은既而一九四一年八月

十四日의大西洋憲章및一九四二年二月二十三日의美英相互援助協定가운데表現되어있다

即前者의第四條및第五條에는모든國家에對한貿易上의均等待遇의實現과勞動基準의向上

經濟的進步및社會的安全의確保를爲한國際的協力이宣言되어있고後者의第六條에는適當

三七

한國際的 及 國內的 手段에 依하여 生産雇傭, 物資의 交換 及 消費를 擴大함과 同時에 國際貿易

에 있어서의 一切의 差別待遇를 除外하고 關稅 其他의 通商障壁을 減少시키기 爲하여 美英 兩國

은 뜻을 같이 하고 諸國이 自由로히 參加할수있는 共同的인 行動을 取할것을 約束하고 있다

美國의 提案

前記의 提案은 美國々 務次官補 구레이든 氏를 議長으로하는 一團의 美國政府專門委員에 依하

여 戰後 世界貿易의 擴圖로서 數個月의 時日을 消費하여 作成되었다

그에는 爲先 世界의 生産力이 科學과 技術의 發達의 結果 有史以來 最大에 達하였음으로 이 生

産力을 活用하여 世界各國의 雇傭 及 消費의 全面的 擴張을 圖謀하고 人類의 繁榮과 福祉를 爲하

여 交換 及 分配의 過程에 있어서의 諸障害를 除去하여야한다고하고 世界貿易에 關한 國際協定

의 締結이 焦眉의 急이라고 結論하였다 王 이 具體的 方策으로서는 國際聯合 下에 國際貿易機

關創設을 要請하고 그 機關의 組織에 關하여 勸告하고 王 關稅를 輕減하고 國際貿易에 對한 其他

의 障害를 可及的 廢止하는 節次를 規定하고 있다

國際聯合의 贊成

이 美國의 提案은 國際聯合 加盟國의 大多數가 贊成하였음으로 國際聯合經濟社會理事會는 一

九四六年二月十八日貿易及雇傭에關한國際會議를同年秋倫敦에서開催할것을決議하고그

豫備的措置로서國際貿易機関憲章의草案을準備하기爲하여一九個國으로構成되는準備委

員會를設置하였다　美國政府는倫敦會議를앞두고一九四六年九月에討議의基礎가될國際

貿易機関憲章試案을公表하여関係國에게보냈다　이試案은前記「十提案」을條文化하여一層

詳細하게規定한것으로七章七九個條로되어있는데特히雇傭에関한章을새로히規定한것이注

目되었다

準備委員會々議

(一)　國際聯合貿易雇傭會議準備委員會의第一次會議는一九四六年十月十五日부터十一月

二十六日까지倫敦에서開催되어美國試案을檢討한結果經濟的發展의一章을加한外에많

은修正을加한後八章九九條로된倫敦草案을作成하였다

(二)　倫敦會議는會期가짧아서試案을完分히審議하지못하였기때문에準備委員會의臨時起

草委員會는一九四七年一月부터二月에걸쳐서約五週間동안紐育에會合하고倫敦會議에

서의未解決의諸点을討議하며紐育草案을作成하였다

(三)　準備委員會의第二次會議」는一九四七年四月에〃제네바〃에서開催되어紐育草案을審

三九

議한結果 八月二十二日에 九章一〇〇個條로되는 最終草案을 滿場一致로 採決하였다

하바나 會議(憲章의 成立)

一九四七年十一月二十一日부터 "큐I바"의 首都 "하바나"에서 國際聯合貿易雇傭會議

가 五六個國參加下에 開催되어 四個月에 亘하여 "제네바" 草案을 愼重檢討한後 一九四八年

三月二十四日에 九章一〇六條로 構成된 憲章에 五三個國의 調印을보게되었다. 調印한五三

個國은 如左하다

아후가니스탄、豪洲、墺地利、白耳義、보리비아、부라질、버I마、加奈多 세이론

智利、中國、코롬비아 모스타리가 큐I바 첵코스라바키야 丁抹、도미니가 에

꾸아도루、埃及、엘사바돌 佛蘭西、希臘、구아데마라、하이듸、印度、인도네시아

伊蘭、이라꾸、愛蘭、伊太利 레바논 리베리아 룩셈부루구 메기시고 和蘭、新

西蘭 니까타구아 諾威 파기스탄 파나마 페루 比律賓 葡萄牙 南로I데시야

瑞典 瑞西 시리아 토한스오루단 南阿聯邦 英國、美國 우루과이 뷔네쩨라

I T O 憲章의 構成

國際貿易機關憲章은 九章一〇六條로된 浩瀚한것으로 그內容은 國際貿易에 關係되는모든 分

野에있어서各國의政策의基準이된原則을規定하고 그 原則實施의確保를爲하여國際貿易에 關한여러가지問題의解決에當한國際貿易機關의構成, 權限, 任務및節次에關하여規定하 였다

憲章의內容은如左하다.

四一

四二

第九章　一般規定　　（九八一一〇六條）

批准未完了

ITO憲章은 그 規定에 依하여

(一) 調印國이 過半數가 批准書를 國際聯合事務總長에게 提出하여 大〇日後에 發效보는

(二) 調印後 一年以內에 二〇個國이 批准書를 提出한 境遇에는 大〇日後에 發效하기로

되어있으나 現在까지 批准한 나라는 二個國에 不過하므로 아직 ITO憲章은 發效치 못하며 따라서 ITO는 實現되지 않고 있다

第二節　ITO의 目的

ㅗ目的

ITO憲章의 第一條는 目的과 目標를 別個에 記載하고 있다 為先目的으로서는 國際聯合憲章第五十五條의「生活水準의 向上、完全雇傭과 社會的經濟的 進步 및 發展의 諸條件의 達成」을 揭託하고 있다

國際聯合의 政治上의 國際協力과 平和維持를 目途로 할 뿐만 아니라 社會的經濟的인 國際協力

파樞紐 增進을 爲한 國際機構와 또 國際聯合의 一機關으로 設立된 ITO憲章이이 國際聯合

憲章의 目的을 引用한것은 當然之事이다

工目標

一, 實質的 所得及 有效需要의 着實한 增加, 物資의 生産, 消費及交換의 增大와 此에 依한 世界經濟의 均衡及擴張에의 寄與

二, 後進國의 經濟的 發達의 促進及 援助와 生産的 國際投資의 獎勵

三, 全世界市場, 商品의 供給源及生産施設에의 均等條件에 依한 接近의 促進

四, 貿易障害의 除去及通商上의 差別待遇의 除去

五, 互惠主義에 依한 貿易及經濟의 發展

六, 相互의 理解協力及協議에 依한 國際通商上의 諸問題의 解決의 促進

ITO, 는此等諸目標를 通하여 自由通商과機會均等의 具現을 努力의 對象으로하고있다

通商의 非武裝化는 第一次大戰後에 도試圖되었으나 모두失敗에도 라갔다 軍事上, 政治上, 經濟上의 危懼에서 여러國家는 貿易에 강한 制限을 加하였다 國際貿易은 漸次萎縮하고 그結果 各國은 生活水準의 低下를 招來하였을뿐만아니라 政治的 緊張을 誘發하여 平和維持에 破錠을

四四

이르렀다

ITO憲章은 이 쓰라린 經驗에 비쳐서 通商의 自由를 根本理念으로 하며 通商政策에 關한 諸規

定을 設定하였다

土規定

此等規定은 各國 政府가 國際貿易에 있어서의 自由競爭에 政治的인 干涉을 加하는 것을 制限하

는 一連의 規則으로 되어 있다

即卋界貿易의 大部分을 競爭企業의 自由로운 活動分野로 定하고 需要供給價格 等의 諸要因에

依하여 自由롭게 財貨의 國際移動이 行하여지도록 緜密한 保障을 하였다 그러나 憲章은 國際

通商을 各國 政府가 認定한 貿易上의 諸障害로부터 一擧에 解決시키려는 것은 아니다 그것은오

히려 卋界通商을 不當하게 混乱시킬 念慮가 있다 그러므로 여러 가지 例外規定을 設定하

고 다시 例外規定의 例外規定까지도 設定하며 愼重히 規定하고 있는 것이고 따라서 憲章에서 말하는 自

由通商은 一面絶對的인 것이 아니고 互惠待遇를 肯定하고 있는 것으로써 卋界通商을 相互滿足

할 基礎 우에서 行하는 것 即相互主義에 依한 機會均等의 原則을 採用하고 있는 것이다

展備의 觀念

ITO憲章은 雇用과貿易은 密接한關聯이있다하며 特히第二章에「雇傭과經濟活動」을 規定하고있다. 但第二章의 雇傭에 関한 規定은 他章의 貿易에 関한 規定만큼具体的은아니다 生活水準의 向上實質所得의 增加. 有效需要의 增大. 完全雇用. 國際貿易의 擴大等間에存在하는 複雜한相互関係는 容易하게 規定에表現할수없는이기때문이다. 그러나憲章이國際貿易은 雇傭에 對하여 重大한関聯을 가지고있다는것을認識하고 自由로운交易이世界의繁榮을爲하여 必要條件이라는것을强調함으로써 ITO에近代的인性格을具備시킨 功績은將記할만한일이라고볼수있다

第 三 節 ITO의組織

機関의權限

國際聯合으로볼때에는 ITO는그의專間機関으로서他의國際機関과同一한線에서있다 ITO는憲章에定한規定을實施할權限이賦與되어있을뿐만아니라이外에情報蒐集및公表 加盟國間의協議의助長및容易化. 調査및勸告. 双務또는多角的協定의促進、國際聯合의 他機関및其他政府機構와의協力等廣汎한任務를가지고있다

總. 會

ITO의 一般的 權限은 各 一票의 投票權을가진 加盟國의 代表에 依하여 構成된 總會에 賦與되어 있다 總會는 通常每年開催된다

理事會

加盟國中 一八個國으로 構成되는 執行理事會는 ITO의 政策을 實施하고또 總會가이에 賦與한 權限을 行使하며 職務를 履行한다 三年마다 總會가 三分之二의 多數에 依하여 決定하는 主要한 經濟的 重要性을가진 八個國」은 當然히 執行理事會의 理事國이되기로하고 나머지 一〇個理事國은 總會에서 選出하기로 되어있다

理事國의 任期는 三年이다

憲章의 附屬書에 定하는바에 依하면 最初의 ㄱ 主要한 經濟的 重要性을가진 八個國」은 "베베」 關稅同盟, 加奈多, 中國, 佛蘭西, 印度, 蘇聯, 英國및美國이 選出되었으며 此等 國家가 ITO에 參如할 境遇에는 最初의 三個年間 理事國의자리를 確保하기로 되어있다

此等 諸國은 蘇聯을 除하고는 모두 國際聯合貿易雇傭會議로부터 本會議까지의 期間을 通하여 積極的으로 參如한 國家들이다

四七

委員會

또 必要한 境遇에 는 委員會를 設置할 수 있게 되어 있다 委員會는 加盟國代表보다도 오히려 專
門家, 即學識及經驗 있는 個人으로 構成되어 執行運營會의ᆞ 프렌트라스트ᆞ로서 I T O의
活動基本体가 되ᄂ것이다 委員會는 原則的으로 理事會에서 選任되ᄂ 國際貿易에 関한 專門
家 七名 以下로써 構成되며 그任務는 憲章의 規定에 依하거나 또는 總會의 決定에 따라서 定하여
진다

事 務 局

事務局長은 執行理事會의 勧告에 依하여 總會에서 任命되며 그權限、義務、任期及職務執行
의 條件은 總會에서 承認된 規則에 따라야한다
事務局職員은 事務局長이 任命한다
事務局長及그職員은 如何한 政府에서라도 指圖를 받지않고 純全히 國際的公務員으로서 그義
務를 遂行하여야한다

I T O의 特典

I T O는 法人格을 가지고 있고 또 國際聯合總會가 採擇한 「專門機関의 特典及免除에 関한 一

四八

般協約」에依하여加盟國의領土內에서特典및免除를享度하기로되어있다

財 政

加盟國은ITO의經費를分担하기로되어있다

第 四 節 ITO에對한各國의動向

美國의 態度

一九四五年에「世界貿易및雇傭의擴張에關한提案」을發表한以來ITO憲章成立까지의 指導者요最大의努力을司美國의構想의根底에는自由通商制度의確立, 雇傭, 生産, 消費 의結合, 完全雇傭의實現, 高率關税, 特惠制度, 輸出入制限等의貿易制限의打破를目途 하였으나如斯한美國政府의構想에도不拘하고美國內의動向은新國際的貿易機関의成立 立에依하여從來의保護貿易機構의崩壊에對한把憂, ITO가他國民의生活水準을向上시키 는데反하여美國民의生活水準을低下시킨다든憂慮, ITO는實力도資格도없는國家에世界 의富를利用시킬뿐이라고보는不滿, 이러한여러가지反對가있기때문에美國政府는行政命 令第九,八三二號로美國이締結한모든通商協定에免責條項을設定하는政策을實施하였다

그러나 마침내 根氣있는 保守的인 反對에하는 수없이 一九四九年四月二十八日에 ITO憲章

이 兩院에 提出된지 一年半後인 一九五○年十二月大日에이르러 大統領은 ITO憲章을國會

에 再提出하지않겠다 는聲明을하지않으면 아니되게되었다

英國의 境遇

英國은 旣成利益의 權護를爲하여보는 戰後의 國際收支 不均衡의 克服을爲하여 美國의 立場과

는 利害가 對立된다. 이 英國側의 態度는 特惠制度의 廢止 와 差別待遇除去 의 問題에 있어서 表

面化하였다 即 英國으로서도 貿易의 擴張을 願하지않는것은아니 시이만 그보다도 爲先自國의

國際收支의 均衡 및 戰前의 生活水準의 維持가 重要한 問題이기때문에 特惠制度의 廢止 乃至 緩

和의 主張에 對하여 强硬히 反對하였다 英國은 主로 國際收支上의 理由에서 輸入制限等의 差別

的 措置를 繼續할것을 主張하고 또 産糧에 關聯하여 貿易上의 制限措置를取할것을 强調하여 雇

傭維持를 爲하여는 ITO憲章에 依하여 負擔義務 까지라도 免 케할수있다는것을 力說하여였

다 또 美國의 不批准 聲明에뒤이어서 一九五一年二月八日 "윌손" 商務相이 議會에서 今後

ITO에 關한 計劃을 이끄더 發展시키지않았다 고公式으로言明하였음으로 ITO設立에

對한 努力은 終고 符를진셈이되었다

戰災國과 新興工業國의 待遇

佛蘭西、和蘭、白耳義等의 戰災國은 그 復興目的을 爲하여 「부라질」智利 印度等의 新興工

業保護를 爲하여 貿易制限을함에 必要를 强調하여 美國의 試案에 있는 規定形式의 嚴格性을 反駁

하였다 此等諸國이 如斯한 强硬한 要求는 貿易上의 諸障害撤廢에 對하여 例外規定을 附加시

키고또는 規定을 緩和하여 嚴格性을 弱化시키는 結果를 要求하였다

이럼으로 美國의 標榜하는 自由貿易의 主張은 「좀더 自由로운 貿易」으로 緩和된結果가 되었

다

共産主義國家의 待遇

國民經濟의 貿易依存度가 比較的 크고또 嚴格한 國營貿易制度를 採用하고 있는 蘇聯은 國

際貿易機関을 論議하는것은 時期尙早이며 또이에 對한 自國의 研究도 不充分하다는 理由로써

終始 ITO 計劃에 不參할뿐만아니라 ITO는 純全히 資本主義的 이라는것 더욱이 美國은

諸國의 貿易制限을 除去시킴으로써 英國은 特惠関税의 維持로 써各其利益擁護에 努力하여 弱

小諸國의 犧牲으로通商交渉에 依한利益을 獲得하려는것이라고 主張하고 ITO의 計劃을 攻

擊하였다

五一

結局 "蘇聯" 쁘럭 "에서 國際聯合貿易雇傭會議에 參 如한것은" 체코스라바키아" 와 波蘭 二

個國뿐으로 其中憲章에 調印한것은 前者一國뿐이었다 이럼으로 ITO는 蘇聯및 그衛星諸

國을 包含할수없게되어 한個의 自由로운 世界貿易 秩序를 形成하려는 ITO의 理想은 結果的

으로는 오히려 二個의 世界의 對立相을 더욱 甚게 하는 結果가 되었다

ITO의 今後

要컨데 ITO의 成立을 싸고도는 背景은 美國政府의 指導的理念과는 乖離되는 美國의 與論

英聯邦의 獨自的立場, 新興工業國및 戰災國의 特別한 立場等의 各各 相異된 意見의 交錯과

全혀別個의 立場에있어는 蘇聯 쁘럭 의 態度에 依하여 繼고져졌다. 이와같은 各國의 立場은

ITO憲章의 發效를 遲延시키고 現狀까지 濠洲(美, 英파同一步調를取한다는 趣旨의 條件

附)및 "리베리아" 의 二個國이 批准을 完了하였을뿐이고 他諸國은 美英의 動向을엿보는 態

度로 決定치못하고있는만큼 前途한 美英兩國의 計劃斷念은 ITO의 가까운 將來에있어거

의 活動을거의不可能케하였다. 戰後의 懸問題와 海外投資問題解決을爲하여 國

際通貨基金制度와 國際復興開發銀行이재빨리設立된 비對하여 貿易分野를規律한憲章이이

와같이 實現을보지못하는것은 自由通商이라는 理念貫徹이매우 困難하다는것을意味하는것

五二

이다

第二章　GATT의 槪要

第一節　GATT의 沿革

GATT의 成立 (제네바會議)

GATT는 ITO憲章과같이 第二次大戰初期의 大西洋憲章與 美英相互援助協定에 內在하

는 國際經濟協力의 思想에서 萌芽된것으로 GATT의 誕生은 ITO憲章草案의 審議過程의

所産이다. 即一九四七年四月, "제네바"에서 開催된 國際聯合貿易雇傭會議準備委員會의

第二回會議에 參加한 二三個國은 ITO의 成立을 기다리지 않고 ITO憲章草案의

審議와 併行하여 關稅를 中心으로 하는 各種의 貿易上의 障害를 低減하는 協定에 關하여 再議하

고 各國相互間에 關稅引下交涉을 行하여 同年十月三十日에 同協定에 調印하였다. 이協定이

即GATT이다. 따라서 그思想과目的은 ITO憲章과 全혀 同一하다

加盟國

GATT의 協定書는 最初에는 前文、本文三四個條및附屬書로된 一般規定과 參加二三個國

間에 協定된 約四五,〇〇〇 品目을包含하는 関税讓許表로區分되어 全文約 一三〇〇 頁餘의 文

書이었다

加盟 二三個國은

濠洲、白耳義、부라질、버-마、加奈多、세이론 智利、中國、큐-바、체코스라바

키아、佛蘭西、印度、레바논、룩쎈부르크、和蘭、新西蘭、諾威、파키스탄、南로-

데시야、시리아、南阿聯邦、英國、美國이다

GATT는 右爹加國中外國貿易總額의 八五%를占하는 諸國이各々國內節次로서受諾쿠고

그爹諸書를國際聯合事務總長에게提出한날로부터三〇日後에決定的으로效力을發生하기

로規定되어있는데, 濠洲、白耳義、加奈多、佛蘭西、룩쎔부루크、和蘭、英國및美國의

八個國은「GATT의 暫定的適用에関한議定書」에調印하고 一九四八年一月一日부터 G

ATT의 一般規定을 現行法律과一致하는 範圍內에서實施하기로되었다

其他 一五個國은 늦어도 一九四八年七月三十一日까지에는 이議定書에依하여 暫定的으로適

用하기로되어 智利（同國은 一九四九年三月十六日實施）를 除外하고는 全部 暫定的으로實施

하기에이르렀다

第一次締約當事國團會議（하바나會議）

GATT의 一般協定은 大部分 ITO의 憲章에서 바나 憲章이 成立된 結果 GATT의 規定도 이에 相應할 修正이 必要하다고 認定되어 締約當事國은 第一次의 締約當事國團會議를 一九四八年二月二十八日부터 三月二十四日까지 卽國際聯合貿易雇傭會議의 終末에 〃하바나〃에서 開催하였다

同會議에서는 「GATT의 第十四條를 修正하는 議定書」 및 「GATT의 若干의 規定（第三五條第五項 第三二條第二項 第三三條을 修正한 特別議定書」 「GATT의 第二四條에 關한 特別議定書」 「GATT의 第二四條를 追加」 를 修正하는 議定書」가 作成되었다

第二次締約當事國團會議（제네바會議）

이어 第二次締約當事國團會議가 同一九四八年八月十六日부터 九月十四日까지 〃제네바〃에서 開催되어 「GATT의 第一部及第二九條를 修正하는 議定書」 「GTTT의 第二部及第二大條를 修正하는 議定書」가 成立되어 該當規定이 各々 修正되었다 또 이外에 新規加入 希望國의 加入計劃을 세우고 一九四九年四月八日부터 第三次의 締約當事國團會議를 開催率 交涉과 併行하여 開催하기로 可決하였다

五五

第三次締約當事國團會議及關稅交涉會議(「아네시-」會議)

締定파같이 이第三次會議는 關稅交涉會議를兼하여 一九四九年四月八日부터佛蘭西의稱西國境附近 "아네시-"에서四個月間開催되었다 此回는新規加入을申請한一一個國(쿄롬비아, 丁抹, 도미니까, 芬蘭, 希臘, 하이티, 伊太利, 리베리아, 니카라구아, 瑞典우루과이)를加한三四個國이集合하였다 이會議에서「GATT의第二夫條를修正하는議定書」가一般規定의修正으로서成立되었다 關稅交涉으로서는關稅品目五,〇〇〇以上을包含한一四七個의協定이成立되었다

新規加入條件의決定

又交涉의進行中에新規加入을爲한條件에關하여會議를한結果「GATT의加入에關한아네시「議定書」가成立되었다 이에關하여新規加入의境遇에는個々로旣締約當事國의合意를必要로하게되어旣締約當事國의三分之二의贊成을얻고且自身이이議定書에署名하였을때에新締約當事國이되기로定하였다 新參加의一一個國中關稅交涉을하지않은 쿄롬비아와議定書에署名하지않은"우루과이"를除外하고他國은모두締約當事國이되었다

第四次締約當事國團會議(제네바會議)

이어 一九五○年 二月 二十三日부터 四月 四日에거쳐서 第四次 締約當事國團會議가〃제네바

〃에서 開催되어 九月 二十八日부터 英國〃「토ー퀴이ㅇ에서ㄱ澳地利、西毒、韓國 머루ー

比律賓、土耳其및우루과이ㄴ의 新參加 七個國을 招請하여 第三次의 關稅交涉會議를開催하

기로 決議하였다

第五次 締約當事國團會議및 關稅交涉會議(토ー퀴이 會議)

新規로 招請을받은 七個國과 旣締約當事國은 一九五○年 九月 二十八日부터 一九五一年 四月

二十一日까지〃 토ー퀴이ㅇ에서 關稅交涉을 行하고 一四七個의 交涉을 成立시키고 또新參加

國의 加入條件에 關한 議定書를 作成하였다 그 條件은〃 아네시〃의 境遇와같이 이參加 七個國

은 旣締約當事國의 三分之二의 贊成을얻고 다 議定書에 署名하기로되었다 署名期限은 一九

五一年 十月 二十日이며 時히〃 우르과이ㄴ는同日까지〃 아네시〃 議定書에 署名함으로서締

約當事國이되도록決定되었다 關稅交涉과 竝行하여 十一月二日부터十二月十六日에 終了

한 第五次締約當事國團會議에서는 一九五一年一月一日에 效力을喪失하는現行關稅讓

步表의效力을 三年間延長하여 一九五四年一月一日까지 有效로한다는것이 決議되었다 또

輸出入許可制、換管理其他類似한貿易管理措置의適用에當하여 이適用에起因하는不明確

五七

파困難에서 世界各國의 貿易業者를 救濟하기 爲하여 實施할 基準을 定함과 ˮ貿易管理運用基準

ㄴ 이 採擇되고 또 第六次 締約當事國團會議를 一九五一年七月十七日부터 ˮ제네바ˮ에서 開

催할 것이 決議되었다

加盟國의 移動

中國은 一九五〇年五月五日에 GATT를 脫退하였다 또 ˮ시리아ˮ및 ˮ레바논ˮ兩國은

一九五〇年三月에 關税同盟을 廢棄하였는데 그後 ˮ레바논ˮ은 一九五一年二月二十五日

에 ˮ시리아ˮ는 同年八月六日에 GATT를 脫退하였다 이보다앞서 ˮ인도네시아ˮ가 独

고하며 一九四七年및 一九四九年에 和蘭政府가 協定한 蘭領東印度의 讓步表를 受諾하고 同國

自身締約當事國이 되었다

GATT의 現狀

GATT는 ˮ토ー퀘이ˮ會議參加의 七個國을 加하여 締約當事國數 三七을 算하고 三五個條

로되는 一般規定과 三四個의 關税讓步表를 包含케되어 實로 世界貿易量의 五分之四以上에 影

響을주고있다

GATT의 目的

GATT의 理想은 ＩＴＯ憲章과같이 이 關稅및其他貿易制限措置를排除하여되며 自由通商의基盤 을 確立하는데 있으나 當面의 目的은 關稅率을 二國間의 相互協定에 依하여되 下하되 最惠國約 款에 依하여 多角的으로 擴大하고 關稅讓許를 容易且擁護하기爲하여 關稅以外의貿易上의諸 障害의除去까지도 規定하고있다

一般規定의 概要

GATT의 一般規定은 前文과 三五個條의 本文및附屬書로되며 三五個條의 規定은 다시 三部 로區分되어있다

第一部(一~二條)는 關稅및其他의課金에關한 根本的인規定인데此等에關하여 卽時且無 條件의最惠國待遇를規定하과同時에 關稅交涉의成果인附屬關稅讓許表에關하여 規定하고 있다

第二部(三~二三條)는 關稅以外의貿易上의諸障害의除去에關한 規定인데內國稅및內國 規則에關한內國民待遇 "映畫" 회림》에關한特別規定. 通過의自由　投賣防止稅및相殺

元

関税、税関에서의 評価、輸出入에関한 節次、原産地標記 貿易規則의公表및施行 數量

的制限 換協定、補助金、國家貿易 經濟的發展 特殊產品의輸入에関한緊急措置 一

般的例外、安全保障에関한例外 協議 無效化等을取扱하고 無差別待遇의原則을가진関

税讓歩表를有效化하기를意圖하고있으나 同時에많은例外規定을設定하며規則運用에彈力

性을賦與하고있다

第三部(二四1三五條)는節次規定및雜則으로서協定의地域的適用 共同措置 受諾

效力의發生 讓歩의停止또는撤回 修正 脱退 加入等에関한規定이다

無條件最惠國待遇의保證

GATT의骨格이되는重要規定은締約當事國間에있어서의, 無條件最惠國待遇의保證이다

GATT의第一條는輸出또는輸入에関聯되는関税및其他의諸課金과諸規則및節次에関하

여各締約當事國이第三國에供與하는諸利益、特典、特権또는免除를모두他締約國에対하

여即時且無條件으로供與할것을要求하고그原則을明示하고있다

最惠國約款은過去에一〇〇以上에亘하여世界의通商條約中에顯著한役割을하여온重要한條

項인데그解釋도區々하나GATT의그것은一九二九年에國際聯盟經濟委員會가勧告한標

準"렝키스트"게準據하고있으며 더구나 關稅關係의事項에限하여 規定의適用範圍를

明確히한것은 一步前進이라고할수있다

既存特惠待遇의承認(例外의第一)

GATT는 이와같이 最惠國待遇를規定하는同時에 現實을尊重하고 現實의地盤우에서諸問

題의解決發展을期한다는趣旨에서 最惠國待遇의原則에 例外를認定하고있다

그第一은 特惠待遇의承認인데 第一條는 特定한期日에 現存하는特惠關稅를維持할수있는國

家와領域을列擧하고있다 이特惠關稅中가장重要한것은 勿論英帝國內의特惠인데 "게비

바"關稅交涉에서英國으로하여금今特惠의緩和를어느程度認定케한것은 GATT의成果의

하나이나 그미치는範圍는英國貿易額의五%에不過하며繼續되는"아비시"及"로I刻

이《會議에서도英帝國의特惠의讓步는別로볼만한것이있었다 또새로운特惠의創設을認

定하지않는다는原則에對한一例外로서第二次締約當事國團會議에있어서美國이以前日本

委任統治地域이었든大平洋諸島로부터의輸入品에對하여特惠待遇를供與하는데 對한承認

을한것이있다

關稅同盟의承認(例外의第二)

例外의 第二는 關稅同盟과 自由貿易地域을 世界貿易을 促進한다는 理由에서 認定하고 있는 것

이다. 但 이 境遇에 現存하는 特惠를 增加한다든지 또는 新特惠를 創設한다든가 하는것이 없도

록 愼重한 注意를 하고 있다. GATT에서 認定된것은 "베네룩쓰" 關稅同盟과 "시리아"

"레바논" 關稅同盟(一九五〇年三月十四日廢棄)이 있다

形成過程에 있는것으로는 南阿聯邦과 南 "로―데시아" 佛蘭西와 伊太利및 "스깐디나비야

諸國.이 있다 또 "유맨푸런" 과 歐洲關稅同盟等도 將來의 問題로서 提起될 模樣이다.

이外에 GATT는 關稅同盟과 함께 國境貿易을 容易하게 하기 爲하여 締約當事國이 隣接國에

供與하는 特惠를 最惠國待遇適用의 除外로 認定하고 그 對象으로서는 智利와 "알젠틴" 보

리비아"와 "페루―" "間또" "시리아" "레바논" 關稅同盟" 및 "파레스타인" 및 "트란스

요―단間의 特惠措置承認(例外의 第三)

輸出上의 差別措置承認(例外의 第三)

最惠國待遇는 輸出에도 適用될것은 勿論이나 "아메리" "會議"에 있어서의 "췌코스로바기아

"와 美國이 論爭끝에 戰略物資가 어떤 國家에 歸屬될것을 防止하는 輸出許可節次는 安全保障을

爲하여 例外로서 認定되다는 하나의 前例가 生겼다 이던 意味에 있어서의 輸出上의 差別的 措

置는 最惠國待遇의 第三의 例外가 된다

貿易數量制限의 除去

最惠國待遇 條項과 逆行하여 重要하고 또 技術的인 性格을 가지느것에 數量的制限에 關한規

則이 있다. GATT는그 第十一條에게 그 數量的制限에 關한 一般的除去를 ㄴ에 關하여 規定하고

締約當事國은 他의 締約當事國의 生産品輸入에 對하여 또는 他의 締約國에게 가는 自國産品

의 輸出에 對하여 關稅. 內國稅 및 其他 課金 以外의 禁止 또는 制限을 課하여서는 아니된다 고 規

定하고 簡單히 明瞭하게 數量的制限을 除去하지 않으면 아니된다 고 述하고 있다. 그것은 GAT

T가 關稅障壁의 低減 乃至 除去를 即 通商上의 障害 除去를 目的으로 하는것임으로 當然한 結論

이라고 볼수 있다. 그러나 旣而 數量的制限의 巨大한 들은 世界貿易에 있어서의 支配的 要因으

로 存在하고 있고 또 그 制限이 가까운將來에 除去될수없다 는것도 明確함으로 現實에 即應하는

意味에서 이런 境遇에도 例外가 認定되며 또 그 例外規定 濫用을 防止하기 爲하여 다시 規定을 하

는 等매우 複雜한 規定으로 되어있다

數量制限除去의 例外規定

數量的制限의 禁止 에 對한 例外規定은 國際收支均衡을 擁護하기 爲하여 數量制限의 承認과 經濟

開發에 關聯하는 數量制限의 承認이다

前者에 關하여는 第十二條의 規定하는것으로 一國의 貨幣準備가 매우적어서 重大한 脅威를二

ㄲ는 境遇에는 締約當事國團의 協議를거친 後 輸入制限을實施할수있게되어있다

後者는 特定工業또는 農業의 特定部門의 撫立、 發展또는 復興을促進하기爲하여 特定産品의

數量的制限을 第十八條에서 認定하고있다

GATT는 數量的制限을이와같이 不得己한 境遇에만 認定하고 嚴重한 承認節次에 依하여實

施하고있으나 此等制限의 適用에있어서는 無差別待遇를原則으로 할것을 第十三條에서定하

고 다시 戰後過渡期의 處置로서 無差別待遇原則의 例外를 第十四條에 規定하고있다

過去의 締約當事國團會議에서는 南阿聯邦 "세이론" 智利 "지리아" "레바논" 쿠─바

印度 英國等이以上의 意味에서 數量的制限의 實施를要請하고있다

關稅讓許表

關稅讓許表는 關稅交涉會議에서 締結된 關稅率協定을各國別로整理한表이다 "제네바"會

議에서는 二三個國이參加하여 二○個의表가作成되었다 이것은白耳義 "룩셈부루크" 및

抑蘭이 "베비룩즈" 關稅同盟이 共同의表이었으며 또 "레바논" 및 "시리아" 도同一한表

이었기때문이다 二○個表에서中國共〃키리아〃〃레바논〃關税同盟의表는此等國家가

脱退하였기때문에廢止되었다

〃아베시〃會議에서는一○個國의表가作成되었다 ユ中〃우루과이〃의分은同國이議定

書에署名하지않었기때문에게實施되지못하였다

따라서兩會議의成果로現在有效한것은二七個表이며〃도Ⅰ쿼이〃會議參加七個國의表가

實施되며 二는 全部三四個表가되여이것이一九五四年初頭까지締約當事國間에適用될것이

다

各國의讓歩表는모다二部로되어있으며第一部에는最惠國税率을第二部에는特惠税率을規

定하고있다

ITO憲章과의関係

GATT는그第二十九條에「國際貿易憲章이効力을發生하는날에此規定의第一部及第二

部는停止되고憲章에對應하는規定이此에代置된다」는것을定하여關税讓歩表以外의面에서

GATT가ITO憲章에로發展的解消를한다는構想을明白히하고있다 一方ITO憲章의

第十七條는「國際貿易機関의加盟國은他加盟國要請이있을때에는最惠的基礎에서關税交

六五

戒을 開始하고　또遂行하지않으면아니된다」라고規定하여GATT와의具体的인連絡을
明示하고있다　ITO憲章은아직發効치못하고있음으로GATT가関税率의議或及通商政
策規定의諸條項을担當하고있어서當初의意圖와는正反對로GATT가ITO憲章의規定
을吸收한것과같은結果가되어있다　그때문에GATT에ITO憲章中의遺憾에關한規定
을包含시키려는案이第五次締約當事國團會議에서表出되겠즐것이다

第三節　関税交渉

成功한多角的交渉

GATT로하여금國際貿易에顯著한重要性을가지게한것은関税交渉及関税의讓歩이다
GATT에依한関税交渉은現在까지三次行하여졌으며　第一次의 "제네바" 會議에서는
七個月間에一二三　第二次의 "아네시" 會議에서는五個月間에一四七　第三次의 "토ー
퀴이" 會議에서는八個月間에一四七의各々関税協定이成立되었다　從來一個의関税協定
을締結하는데數個月乃至數年을要하는過去의經驗으로볼때에驚異的인成功이라고할수있
다. GATT가이와같이成功한것은多角的交渉方法을採用한데에있다

從來의 關稅交涉은 二 國間의 雙務的 折衝에 依하여 自國이 相對國에 提供하는 讓歩와 相對國이

自國에게 주는 利益을 저울질하여 交涉하는것인데 結局 그 成果를 最惠國約款을 締結한 第三國

에 無償으로 許與하지않으면 아니되기때문에 交涉은 自然 消極的이되고 그讓歩도 一定한 限度를

넘을수가없었다 그러나 GATT에依한 關稅交涉은 同時에 多角的으로 行하여짐으로一國

은 相對國들를 最惠國待遇에 依하여 第三國에게 도주게된다

同時에 他 諸國間에 行한 讓歩의 利益도 享受하게되어 從來와같이 讓歩를 行한 國家만이 積을본

다는 印象은 많이 적어졌다

GATT의 關稅交涉方法

爲先各々 相對國에 對한 讓歩要求 가히 及的 早期에 提出하되 그 參加國의 大部分이 自國에 對한要

求를 知悉한後에 參集하여 開會即時個別交涉에 着手할수있었다는것 交涉의 段階에서모

든 參加國代表가 交換된 要請과 申立에 對하여 또는 他國間의 交涉의 經過와 結果에 關하여 恒時

十分의 情報를 얻을수있었다는것도 많은 時日間에 圓滑히 成立시키는데도움이되었

다

交涉의 具体的인 節次로서는 爲先各 參加國이 自國의 輸出貿易에 있어서의 特히 重要性을가진

六七

産品에對하여 그主要한 輸入國에 關稅上의 讓步를 要請하는 目錄을 作成하여 交換함과 同時에

輸入하는 産品의 主要한 供給國으로부터의 關稅引下 乃至 據置要請을 考慮하기로되다

即關稅讓步는 一參加國으로부터 輸入하는 重要品에 對하여는 他目의 交涉을 爲하여지는것인데 但 그主要한 供

給國이 參加國이 아닌 境遇에는 그産品에 對하여는 一般的으로 關稅讓步

가 保留된다 또 關稅讓步는 品目別로 關稅의 免除, 引下 據置 또는 無稅品의 據置라는 形式

으로 行하여진다

交涉에 依한 實際效果

이 關稅交涉의 結果받은 利益에 對하여 具体的인 一例를들면 "버-마"는 藺及生絲의 輸入稅

率을 "제네바" 會議에서 從價五〇%를 從價四五%로 引下하였기때문에 그品目에 對하여 G

ATT 締約當事國은 非締約國에 比하여 從價五% 有利하게되고 對印度特惠稅率도 그差를 從

價一〇%로 좁히게되었다

GATT締約當事國의 關稅待遇上의 利益은 相對締約國이 國定複稅率制를 採用하는 境遇에

는 더 廣汎한것이 된다 例컨데 次表와 如히 南阿聯邦은 國定三欄稅率制即 모든品目에 對하여

最低 中間 및 最高의 三種의 稅率을 가지고 있으므로 이것을 各 英聯邦諸國 最惠國待遇許與國 및

其他國에 適用하고있는데 GATT 稅率은 어떠한 種類의 品目에 對하여 中間稅率을 引下하였

음으로 GATT 締約國은 非締約國에 比하여 모든 品目에 對하여 中間稅率과 最高稅率의 差

GATT 品目에 對하여는 GATT 稅率과 最高稅率과의 差만치 有利한 待遇를 받기로되고 最

低稅率과의 間隙도 그만치 縮小된다

또 南阿聯邦은 어떤 種類의 纖維製品에 對하여 昨年 一月以降最高稅率에만 附加稅를 課하였는

데 (昨年 一月에 改正되어 附加稅은 若干引下되었음) 이러한 境遇에는 GATT 加盟國으로

서의 利益은 相對的으로 더크게되는것이다

南阿聯邦関税率의 一例

税番品目	單位	最低税率	中間GATT税率	最高税率	最高税GATT締約國과非締約國의差	GATT締約國과英聯邦과의差
七〇 洋襪類(纖維品)						
(a) 短洋襪	從價	一〇%	五%	一〇%	二〇%	一五%	二五%
(七) 長〃〃	從價	一〇%	五%	一五%	二〇%	五%	一〇%	一五%

또 二國間通商條約에 依한 最惠國約款은 GATT와같이 多數國間協定에 依한 利益에 均霑하여

夫九

시못하는것이 最近의傾向이므로 一般的으로 GATT에加入하시않는限 上述한바와같이체

益을享受할수없다고할수있다

다음에 低稅率및 無稅의据置에對하여는 関税待遇에있어서實質的인惠澤은없으나 國定稅率

이그나라의意思에依하여 何時든시變更할수있는及하여 기것은将来의引上을保留한것을

約定한것이며 따라서高率関税의實質的輕減과同一하므로 讓步의手段으로認定된것이다

関税讓許表의變更

関税交渉에있어서 多數國家가多數品目에對하여 最高限度로讓步한稅率을實施하기로同意

하였음으로 그讓步의效果에對하여誤算이나 또는隊完치못한事態發展때문에 그대로

完全히讓率實施하기가困難한境遇가豫測되는데 GATT는그것을有効期限前에自由로修

正하는것은不許하나 締約國이一致하여承認하게되면 関税讓步表의内容을變更할수가있다

그車例로든 "부라질""베이론""큐-바"및"파키스탄"이있다

"부라질"은三品目에對한関税讓許를國會에거承認하지않는다는理由로 그幾和를要求

하였다 이에對하여는同國의國會가其他의多數品目에對하여協定에規定한것그의関税率

의引下를承認하고있다는것이判明되었음으로그要求는容認되었다

〃세이론〃은 關稅率引下後 重大한 財政的 困難에 當面하이었다는 것을 理由로〃 류1바〃는 或

種의 農業生産者를 保護하고 또 纖維産業의 生産低下로 失業이 增大한다는 理由로 讓步의 修正

을 要求하여 土中어 떤것은 承認되고 또 어떤것은 交涉이 進行되고 있다

〃파키스탄〃은 그 獨立後 印度가 行한 交涉의 成果를 受諾함에 있어서 經濟上의 理由로 어떤品

目에 對하여 再交涉을 要求하여 承認되었다

제二게ㅡ프 그ㅡ로 으ス(免責條項)

GATT第十九條는 締約國이 行한 어떤産品의 關稅讓步의 結果로 土와 同種産品의 輸入으로

말미아마 國內生産에 重大한 損失을 주거나 또는 憂應가 어그二 程度增大하는때에는 必要한 範圍

內에서 그 讓步의 修正 王는 撤回를 認定하고 있는데 一國이 이條項을 利用하는 境遇에는 그 影響을

받는 他締約國은 그 나라에 對하여 供與한 것과 同價値의 讓步를 停止할수 있게되어 있다 이것

은 美國의 互惠貿易政策의 方向에따르는 것인데 美國은 一九五〇年十二月 一日부터 거떤種類

의 毛皮帽子에 對한 〃게네바〃 關稅讓步를 撤回하여 本條項發動의 事例를 만들었다

第 四 節   GATT의 當面한 諸課題

七一

GATT는 國際協調의 精神에서 胚胎되어 ITO에의 發展이라는 빛나는 希望을 가지고 自由

貿易을 目標로 出發하였다 그 努力은 平等待遇의 確立 關稅引下 및 固定化로 指向하고 있으

나 理想의 길은 멀고 現實의 길을 걸을것이다

GATT의 現實的인 諸規定 및 方針을 가르켜서 「例外規定의 集大成」이라는 非難까지 있으

며 GATT는 또한 數多한 未解決의 諸課題에 當面하고 있다

一. 加盟國數는 旣而 限界에 達함

GATT의 橫的인 面, 即 加盟國의 增加는 벌써 大體로 限界点에 到達하였다 現在 世界貿

易額의 五分之四以上을 占하는 三七個國의 締約國이 加盟하고 또 締約國의 基盤을 擴大하기

爲하여 그 門戶는 政治的 "이데오로기"의 如何를 不問하고 모든 國家에 開放되어 있다

現在 "체코스로바키아"가 締約國으로서 各會議에 積極的으로 參加하고 있다 그러나 現

實問題로 東歐蘇聯圈諸國이 全面的으로 加入하기는 現狀으로서는 到底히 豫想할수없는일

이며 此等國家를 除外하고는 今後 加入이 豫想되는 나라라고는 世界貿易上으로 보아서 極히

限定되어있으며 이런意味에서 GATT는 量的橫大의 面으로도 爲先限界에 가까워졌다

고 볼수있다 GATT의 量的 擴大 問題에 關聯하여 軍事占領下에 있는 地域의 加入問題가

있다

七三

GATT는 今次戰爭에 敗北當하거古領下에있는 諸國의 問題에 関하여는 GATT가調印

되기 前에作成된 覺書에서他日 이 研究하기로保留되었으나 第二次締約當事國團會議에서

美國이 問題를提案한 結果 西独게 最惠國待遇를 與하기로 GATT와는 別個로 協定되었

다 日本에 對하여도 同一한 提案을하였으나 主로 英聯邦諸國의 反對로 成立되지못하였다

二、 関税交渉도 限界에達함

既히 "제네바" "아네시"및 "토1케이" 의 三次의 関税交渉會議의 結果締約諸國의 今

後의関税率讓歩의余地 가매우 減少되어있는것은 GATT의 今後發展에限界를 그리는것

이다 例컨대美國은 一般에高関税國으로著名한 諸國인데 對美通商促進의 見地에서美國에

對하여 一層의 関税引下를 熱望하고있음에도不拘하고 그國內法인互惠貿易協定法에依하

여 從來의 税率의 五〇% 까지로関税率引下 限界가法定化되어있으며 그範圍내에서는 既

而相當한 引下를하였기때문에 美國은 아직相當한高関税率이면서도引下의余地가없다는

現狀에있다 이問題는 "베네룩쓰" "나" "스칸지나비아" 諸國에서 自國의低関税의 措置라는

時히 深刻한것으로 此等國家는 第一次의 "제네바" "會議에서 諸國과같은 低関税國으로서는

式으로 高関税國의 讓歩를얻인있으나 高関税 가 이보다 더讓歩를아니하는 以上 此等國家로서

七三

는讓步의餘地는全혀없다 고主張하고있으며 "토ー퀘이" 會議에서도以上의原因으로高

關稅國과低関稅國의主張이對立되어때ㅇ로會議의進行이圓滑치못하였다 美國의 "애

치순" 國務長官이GATT의大規模的인関稅交涉會議는 "토ー퀘이" 會議終了後 三年

間은하지않을것이라고말한것은此間의事情을反映하는것이다

三. 特惠関税對策

特惠関税에関하여는GATT는爲先特定期日로써그最高限度를抑制하고間稅交涉에依

하여徐ㅇ히低減시켜서終局的으로는發止할것을企圖하였는것이다

그러나實際로特惠의廢止는特惠稅率을保持하고있는諸國의瑩거運硬한反對로말미아마不可

能하게보인다 그럼으로GATT는特惠廢止의理想은新規特惠의創設防止라는極히消

極的인結果를가저왔을뿐이다 特히世界貿易에가장影響力을가지는英帝國特惠稅率에

對하여는英國은英聯邦內에있어서의各國相互依存性은歷史的事實이오 聯邦內에存在

하는特惠制度는英聯邦結合을爲하여不可避한것이라는見解를堅持하고있다 이때문에

英帝國特惠稅率의緩和는 "제네바" 會議에있어서若干表示되었을뿐이었다 要컨데特

惠除去問題의解決은締約諸國더욱히特惠를가지고있는國家의一層의協調없이는希望이

없는것으로서ＧＡＴＴ의理想이이面에있어서도限界에到達하였다고볼수있다

四. 数量制限의除去와輸出入의差別待遇止

数量的制限은貿易制限中에서도直接的인手段그로서는第二義的인役割에不過하다 그러기때문에ＧＡ
면関税살은것은貿易制限手段으로서는第二義的인役割에不過하다 이에比하
丁丁는関税障壁의低減을企圖함과同時에数量的制限이라는障害에對하여서도攻撃의화
살을보내고있다 ＧＡＴＴ의一般原則으로数量的制限除去를規定하면음에도不拘하고
許容되어있는例外規定을利用하여数量制限을實施하려는国家가많이있다 輸出入에関
한差別待遇廃止에對하여도살은傾向이있어서各国은獨自的인政治経済政策을推進하려
는立場에서例外規定을憑藉하고差別待遇를實施하려고하고있다 이와같이ＧＡＴＴ의
發足以來四年을経過한今日에도多数国家의貿易을規定하고있는二国間去來의廃止는別
로빛量만한進展이있었다

結言

特히例外規定發動의當否認定은規定解決의項雜과아울러매우困難한것으로서各国의良
心的인行動과国際的協調精神에期待하는바가크다고볼수있다

七五

美國政府의意圖하는世界經濟組織化의構想은國際通貨基金及國際復興開発銀行에繼續하

여國際貿易憲章의調印까지가지는갔으나 "끝 : "을目前에두고五停止되고말았다 國際貿易에對

한障害를除去하는有力한機關으로서는ITO의設立이挫折된것은戰爭中에增加된通

商障害의廢止에苦心을하고있는現在로서는매우哀惜한일이다

勿論ITO에代置되는GATT가있고國際貿易分野에있어서의GATT의價値와功績은

充分히証明되어있다 그러나그活動에도不拘하고GATT는恒久的인機關이아니고固有

한職員과施設을가지고있지않을뿐만아니라暫定的으로實施되고있다는点에서實로無力하

다

固有의職員과施設을가지고있지않기때문에締約當事國團은協議를爲하여必要한調査와準

備作業을充分히하지못할뿐만아니라協議에있어서의締約國代表者에게過重한員担을課하

는結果가되었다 또暫定的適用이기때문에GATT의規定하는諸原則에違反하는各國의

國內法規의修正을命할수도없다

이런意味에서貿易에關한諸困難解決을爲하여는ITO와같은國際的機關設立이待望되는

것이다

美英兩國은ITO憲章의不批准을聲明함에있어서GATT의强化를約束하였기만은그것

이어떻게具体化하는가는今後의問題로서注目할만한일이다

確實히ITO의不成立이明白히된今日에있어서는自由通商制度의確立에依하여世界의繁

榮을꾀하려든過去數年間에써온努力을結實시키는길은GATT에對하여그課題를解決할

수있는能力을附與하수밖에없다

이와같이하여GATT를그理想達成에로引導하는것은全世界의幸福을爲하여衷心으로希

望되는바이다

正誤表

區分	頁	行	誤	正
一般協定 目次	二一	二	貿易	無効
本文	一四	四	米	美
	四九	九	通商	通常
	一九	二	安全	安定
	二九	六	條約國	締約國
	三一	五	如何한締約國圖	如何한締約國
	三七	〃	制限州드시	制限을
	〃	〃	(e) 或은 (e)	(b) 或은 (b)
	五九	三	附項 (e)	附項 (c)
	五七	六	모든締約國間	모든締約國
	五九	二	安全計劃	安定計劃
	六五	一	無効或은損償	無効或은損傷
	七三	二	形式	形成
	七四	二	締約國을	締約國이
	七六	三	努力	効力
	七九	一	第二十三條	第三十三條
		九	뉴파운드랜드	뉴파운드랜드

區分	頁	行	誤	正
一般協定 本文	八一	二	亞米利加	亞美利加
	九八	二	兩門間	兩國間
	九九	四	軍七領下	軍七領下
	一〇三	一	國際联合貿備会議	國際联合貿易籌備会議
	〃	三	暫定適用	暫定的適用
	一〇四	一	〃	〃
	一〇六	五	一般場定이	一般協定이
	一二二	三	撤回다	撤回다
	一三七	三	附項 (丸) 記載됨	附項 (丸)에 記載됨

檀紀四二八四年九月十七日부터瑞西國〝제네바〞市에서開
催되어同年十月二十七日에終了한「關稅및貿易에關한一
般協定의締約當事國團第六次會議」「俗稱國際關稅貿易
會議또는GATT會議라고함」에韓國代表로參席한바、그
經過를左와如히復命하나이다

檀紀四二八五年二月　　日

韓國代表　駐佛公使　全　奎弘

專門委員　稅關指導課長　嚴承煥

외　　　무　　　부

외통진 763-　**8229**　　　　　1966. 5. 10.

수신 : 국무회의 의장

참조 : 총무처장관

제목 : 국무회의부의안건 제출

　　　다음 안건을 국무회의에 보고코자 하오니 상정하여
주시기 바랍니다.

1. 안건의 제목 : "갓트" 가입신청 (보고사항)

2. 유인물의 부수 : 75부. 끝.

외　무　부　장　관　　이　　　　동　　　　원

29/75

議案番号	第 544 号
接 受 年 月 日	1966. . . （第 回）

報
告
事
項

"갓트" 加入 申請

提 出 者	國務委員 李東元 （外務部長官）
提出年月日	1966. 5. 11.

1. 報告主文

가 1965年 11月 15日 青瓦台 貿易擴大會議에서의 大統領 指示事項인 갓트加入問題의 檢討는 其間 關係部處間에 実務団을 構成 그 利害得失을 綿密히 檢討한 結果 그 利가 失보다 越等히 많다는 結論을 얻었으며

나 그 加入時期로서는 現在 瑞西國 제네바에서 進行中인 一般關稅讓許交涉會議 (별명 : 케네디 라운드)를 利用함이 가장 適合하다고 判斷되어

다 갓트事務局에 5月中에 我國의 加入希望意思를 伝達하고 갓트加入을 爲한 關稅讓許交涉을 行할 것임을 報告함

2. 報告理由

가 経 緯

(1) 我國은 始初 1950年 9月 갓트加入을 爲하여 英國 Torquay 에 代表団을 派遣, 關稅協商에 参加하고

~1~

加入議定書를 作成한바 있으나 動亂中 署名節次를 取하지 않어 갓트加入은 實現되지 않았음.

(2) 그後도 갓트加入問題는 散發的으로 關係部處間에서 論議되어 왔으나 50年代에 있어서는 我國의 經濟体制가 輸出보다 援助에 依存함이 컸었기 때문에 갓트加入은 重要視되지 않았음.

(3) 갓트는 始初 世界의 主要通商國 23個國만이 加入한 關稅 및 貿易의 一般協定으로 設立되었으나, 그右 同機構에 低開発國이 多数 加入함에 따라, 그 性格이 変貌하여 漸次 低開発國의 輸出增大問題의 解決이 同機構의 主要任務의 하나로 看做되기에 이르렀으며 따라서 同協定內容도 低開発國을 爲하여 많은 修正을 보았음.

(4) 이와 같이 갓트의 性格이 変貌함에 따라 갓트 事務総長은 1963年 7月 正式으로 我國의 加入을 勧誘하는 公翰을 보내왔으며, 我國政府도 我國의 輸出이

~2~

急進的으로 增大하여가는 現時期에 있어서 國際通商을 規制하고 通商政策上의 主要問題가 處理되는 國際通商機構인 잣트에의 加入을 愼重히 檢討하기에 이르렀음.

(5) 上記한 檢討는 経済企劃院. 外務部. 財務部. 商工部等 關係部處에 依하여 個別的으로 進行되어 오던中 지난 11月 15日 青瓦台 貿易拡大會議에서의 大統領指示로, 關係部處는 共同으로 加入의 利害得失을 檢討하여 왔으며 6次에 걸친 連席會議를 通하여 잣트加入이 我國에 有利하다는 結論을 내리기에 이르렀음

(6) 잣트加入은 申請에 따라 곧 總會에 廻付되어 表決되는 것이 아니며, 關税讓許交涉會議를 거쳐서 同交涉이 成功되어야만 加入議定書를 作成, 同加入議定書가 總會投票나 書面投票에 依하여 採択될時 加入이 実現되는것으로서, 普通의 境遇 一般関税讓許會議에 参加 關税讓許交涉이 行하여짐.

(7) 잣트事務当局은 上記 一般関税讓許會議가 今年末

~3~

까지는 終了될것으로 予想하고 있으며, 我國의 加入申請
이 5月中에 있을時 我國의 갓트加入을 爲한 關稅讓許
會議를 Kennedy - Round 테두리버에서 成就되도록 準
備節次를 取하게 될것임.

  나. 加入의 意義

  (1) 上記와 如히 갓트는 低開發國의 利益을 圖謀하
기 爲하여 그 協定內容을 修正하였기 때문에 從來 갓
트加入을 躊躇케 하였던 輸入制限의 禁止問題. 關稅의
引下問題, 補助金支拂禁止問題, 特關稅問題는 我國과
같은 低開發國으로서는 이를 別般 問題視하지 않아도
되게 되었으며 (根據 ; 1947年 10月 30日 暫定議定書,
協定第12條1項, 第18條 4 (a) 項 및 先例)

  (2) 加入으로 오는 利롯으로서는 我國의 輸出增大를
爲하여 갓트機構를 通한 世界貿易動態의 보다 正確한
把握을 비롯하여, 共産國國家를 除外한 갓트加盟國全体
(66個國)로 부터 關稅上에서의 最惠國 待遇를 받게

~4~

되며. 또한 尙今 我國과 貿易協定이 締結되어 있지 않는 모든 加盟國과 一時에 貿易協定을 締結한 效果를 享有할뿐만 아니라, 나아가서 農水産物, 綿織物과 같은 低開発國 輸出商品에 加하여지고 있는 不當한 輸入制限, 差別待遇를 除去하는 데 있어 其他 低開発國加盟國으로 부터의 積極的인 協調를 얻어 問題를 多角的으로 解決할수 있는 方途가 열리게 된다 (別添 깟트加入問題의 考察 参照)

3. 主要骨子

가. 關稅 및 貿易에 關한 一般協定은 協定本文, 附屬書 및 讓許表의 三部로 構成되어 있는바 이中 協定本文은 前文 및 四章 三十八條로 構成되어 있음.

나. 第一章은 第一條 最惠國待遇, 第二條 讓許表의 二條뿐이나 關稅 其他課徵金 및 輸出入 手續等에 關한 根本的規定으로서 上記事項에 關한 無差別待遇와 關稅交涉의 成果인 讓許表의 效果에 關하여 規定하고 있음

다. 第二章은 關稅讓許의 效果를 確保하기 爲한 措置와 關稅以外의 通商障害의 撤廢를 爲한 措置를 規定하고 있으나 同時에 많은 例外規定을 두어 그 運營에 있어 彈力性을 주고 있음.

本章에 包含되어 있는 主要規定은 內國民待遇 (3條) 덤핑防止稅 및 相殺關稅 (6條) 關稅上의 評価 (7條) 輸入制限 (11－14條) 補助金 (16條) 國營貿易企業 (17條) 後進國의 特例 (18條) 緊急措置 (19條)

~6~

不平處理手續 (22, 23 條) 등이 있음.

라. 第三章은 主로 手續節次 및 機構에 關한 規定으로서 關稅同盟 및 自由貿易地域에 關한 規定 (24 條) 締約國団會議 (25 條) 關稅交涉 (28 條의 第二), 加入 (33 條)等의 規定이 包含되어 있음.

마. 第四章은 後進國의 通商增進 및 経済開発을 爲하여 새로히 採択된 것으로서 第36 條의 原則 및 目的 第37 條의 約束, 第38 條의 共同行動으로 構成되어있음.

바. 主要條文解説

(1) 前 文

GATT 의 目的으로서 各國의 経済的 繁栄을 爲하여 無差別原則을 基礎로 하는 自由通商의 実現을 規定하고 있음.

第 一 章

(2) 第 / 條

最惠國條項으로서 他締結國의 産品에 対하여 無

~7~

條件 最惠國待遇를 賦與할 것을 規定하고 있음.

(3) 第 2 條

關稅交涉의 結果로 이루어진 讓許表의 效果와 그效果를 確保하기 爲한 措置를 規定하고 있음.

第 二 章

(4) 第 3 條

輸入에 對한 內國課稅 및 內國規則에 있어서의 內國民待遇를 規定하고 있음.

(5) 第 6 條

덤핑防止稅 및 相殺關稅에 關하여 그定義. 課稅要件 課稅限度 및 一次産品에 關한 特例를 規定하고 있음

(6) 第 7 條

課稅價額算定의 原則을 規定하고 있음.

(7) 第 11 條

輸出入에 關한 數量的制限의 一般的廢止와 이에

對한 例外를 規定하고 있음.

   (8) 第 12 條

      第 11 條에 對한 例外로서 國際收支改善을 爲하여 數量制限을 할수 있음을 規定하고 있으며 數量制限에 있어서의 遵守事項 및 協議義務를 包含하고 있음.

   (9) 第 13 條

      數量制限에 있어서의 無差別原則을 規定하고 있음

   (10) 第 14 條

      無差別待遇原則에 對한 例外를 規定하고 있음.

   (11) 第 16 條

      補助金의 規制를 目的으로 一般補助金과 輸出補助金으로 나누어 規定하고 있음.

   (12) 第 18 條

      後進國이 經濟開發을 爲하여 必要한 境遇 特別保護措置를 認定하는 規定임

(3) 第19條

　國際收支擁護外의 理由로 輸入制限을 可能케하는 一種의 escape clause 로서 緊急措置를 規定하고 있음.

(4) 第22條

　一般協定의 圓滑한 運營을 爲하여 締約國相互間의 協議에 關하여 規定하고 있음.

　　　　　第 三 章

(5) 第24條

　一般協定의 適用地域 關稅同盟 自由貿易地域國境貿易에 關하여 規定하고 있음.

(6) 第25條

　本條는 締約國團会議 締約國團에 있어서의 票決. 締約國團의 权限에 關한 規定으로서 第5項에는 waiver 에 關한 規定이 包含되어있음、

(7) 第28條

　　　　　～10～

本條는 讓許의 修正 또는 撤回에 關하여 一般的
으로 規定하고 있음.

(18) 第28條의 第二

關稅交涉의 基本原則을 規定하고 있음、

第 四 章

(19) 第36條

后進國의 貿易增進과 經濟開發의 重要性을 再確認
하고 이에 對한 目的과 原則을 規定하고 있음、

(20) 第37條

特히 先進締約国이 遵守하여야할 約束을 規定하고
있음.

(21) 第38條

36條의 目的을 達成하기 爲하여 必要한 締約国
들에 依한 共同行動을 規定하고 있음.

4. 加入節次

第一段階 : 加入希望国이 GATT事務局에 加入意思

~11~

를 傳達함.

第二段階 : GATT 事務局이 理事会 (現在 40 個國
으로 構成) 또는 總会에 附議함.

第三段階 : 理事会에서는 申請國加入을 爲한
Working party (締約國中에서 希
望國으로 構成됨)를 構成함.
Kennedy Round 를 通하여 加
入을 爲한 協商을 行할 境遇 貿易協
商委員会에 通告함.

第四段階 : Working party 에서는 申請國의 関
税制度輸入制限補助政策과 貿易量에 対
해서 檢討함.

第五段階 : Kennedy Round 와 별도로 協商
을 行하는 境遇 Working party
에서 申請国의 offer 와 関係締約国
의 Request를 中心으로 協商에 들

~12~

어감.

    이러한 讓許交涉은 貿易協商委員会가 管掌하는 Kennedy Round 에 參加하여 交涉할수도 있음.

    協商은 그進展에 따라 多者間 및 兩者間으로 行하여짐.

第六段陪 : 別途協商을 行하는 境遇 協商의 結果로서 讓許表를 作成하고 加入에 關한 議定書의 草案을 作成하여 理事会에 提出함.

    (讓許表는 議定書에 첨부됨)

    Kennedy Round 에 參加하는 境遇 貿易協商委員会에서 加入叙定書를 作成함.

第七段陪 : 理事会는 加入議定書를 總会 또는 書面 投票에 週附함.

~13~

第八段階 : 締約国3分의 2以上의 賛票를 얻으면

加入이 承認되며 議定書를 申請国과

加入國의 署名을 為하여 公開됨.
^{※2}

※1. 加入協定書 草案이 成立되면 正式으로 投票를

要求하기前에 必要한 我国의 国内節次를 取하게됨.

※2. 갓트加盟国内에는 체코스로바키아, 쿠바等 共産圈

国家가 2個国 있는바 이들 国家에 对하여는 加入時

協定 第35條를 適用하게 될것임.

5. 加入時期

(1) 위에서 여러面으로 検討한바와 같이 現在로서는

갓트 加入을 躊躇할 理由가 없어진 反面, 加入이 늦으

면 늦을 수록 我国의 貿易量이 늘어감에 따라 加入을

위한 代價(議許)가 커지며,

(2) 갓트 加入交渉은 協商技術上 現在 갓트에서 進

行되고 있는 *Kennedy Round* 를 通하여 加入交渉

을 하는 것이 有利할 것으로 思料되므로 (*Kennedy*

~14~

Round는 곧 協商의 最終段階에 들어 감으로 我国의

加入申請과 Kennedy Round 參加가 時急한 형편임)

　我国의 加入申請은 Kennedy Round의 參加를 爲

하여는 곧 이를 갓트 事務局에 通告하고 理事会에 廻

附하여 Working Party를 構成하게 하는 것이 좋을

것으로 思料됨.

6. 關係部處에서 作成한 加入을 爲한 資料

　(1) 協定文 (外務部)

　(2) GATT 加入交涉文書集 (外務部)

　(3) 国別主要輸出品 및 關稅率 (財務部)

　(4) 國別主要輸入品 및 關稅率 (財務部)

　(5) 非關稅制限措置事項 (商工部)

　(6) 主要国別輸出入実績 및 갓트加入国 (商工部)

　(7) 우리나라輸出入品의 各国別実績対比總括表 (財務部)

　(8) 主要国의 輸入品別 実績 및 比重表 (財務部)

　(9) 各国의 貿易協定締結現況과 当該国에 対한 輸出入

實績 (財務部)

(10) 業界要望事項 (商工部)

7. 參考事項

가. 關係協定文   別添함

나. 予算措置   必要없음.

다. 合意   経濟企劃院, 財務部. 商工部.

~16~

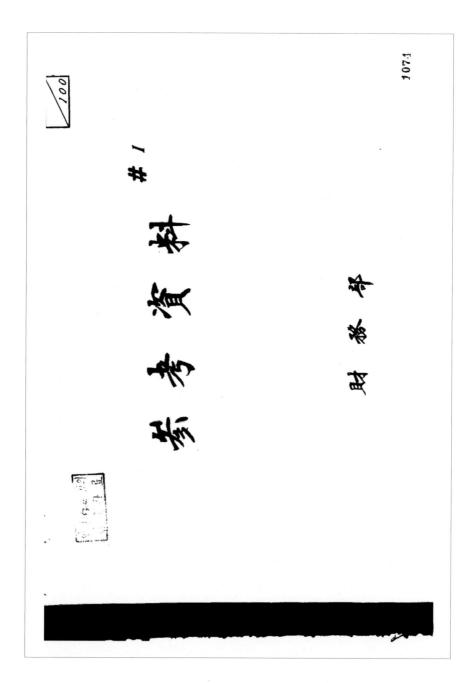

目 次

韓國輸出入品이 主要國別實績對比總括表 (GATT加入國)

(單位 : US 1,000 $)

區別	輸出入別	總額 6 3	總額 6 4 ①	差 6 4 ②	純 6 5	% (64年度) A	% (64年度) B	備考
美國	輸出	23,393,700	26,582,000	⊕202,058	182,283	0.76	49.97	註 :
	輸入	18,590,000	20,251,000	35,564	61,696	0.17	29.87	1. ①表는 輸出總額
	差減			⊝166,494	120,587			2. ①表는 輸入總額
日本	輸出	5,453,000	6,674,000	110,117	166,633	1.64	27.24	3. %A : 對貿易輸入總額
	輸入	6,737,000	7,948,000	⊝38,159	43,975	0.48	32.05	韓國 分 ② / 分 ①
	差減			⊝71,958	122,658			4. %B : 韓國引輸出入總額
西獨	輸出	14,621,000	16,221,000	23,857	16,051	0.14	5.91	貿易額輸出入總額
	輸入	13,022,000	14,618,000	1,146	3,190	0.08	0.96	貿易輸出入額
	差減			⊝22,711	12,861			
英國	輸出	11,857,000	12,341,000	3,175	1,194	0.02	0.79	
	輸入	13,476,000	15,438,000	6,510	3,692	0.04	6.49	
	差減			⊕3,334	2,398			
佛蘭西	輸出	8,085,000	8,995,000	117	2,504	0.01	0.02	
	輸入	8,727,000	10,070,000	748	527	0.007	0.62	
	差			⊕631	1,999			

~2~

參考資料
1. 總額은 I.M.F 統計
2. 韓國額은 貿易統計年報
3. 白耳義貿易額에는 후추로 1 置정함

區分	出入差	額 6/3	6/4	6/4	6/5	% (64年度) A	B	備考
刑系元	輸出	6,778,000	8,092,000	2,637	1,637	0.03	0.62	
	輸入	6,618,000	7,558,000	450	2,540	0.006	0.37	
	差			⊕ 2,089	903			
馬	輸出	884,000	909,000	1,292	2,510	0.14	0.31	
	輸入	828,000	819,000	396	329	0.05	0.33	
	差			⊖ 895	2,181			
泰	輸出	2,788,000	3,040,000	3,011	3,611	0.26	1.99	
	輸入	2,796,000	3,315,000	588	1,241	0.017	0.49	
	差			⊖ 7,423	2,370			
프린씨비	輸出	910,000	1,074,000	1,134	851	0.10	0.28	
	輸入	903,000	961,000	36	5	0.003	0.03	
	差			⊕ 1,098	846			
白耳義	輸出	4,839,000	5,590,000	1,518	1,361	0.03	0.37	
	輸入	5,112,000	5,901,000	1,764	3,300	0.029	1.49	
	差			⊕ 246	1,949			
伊太利	輸出	5,055,000	6,956,000	4,503	1,851	0.07	1.12	
	輸入	7,690,000	7,231,000	832	1,179	0.01	0.70	
	差			⊖ 3,671	672			

~3~

부록 _ 관련 자료　209

國別	輸出入別	金額 6.3	金額 6.4	增減 6.4	增減 6.5	%(64年度) A	%(64年度) B	備考
和蘭	出	4,961,000	5,807,000	⊖4,034	2,792	0.06	1.12	
	入	5,926,000	7,055,000	2,665	3,900	0.03	2.24	
	差			⊖1,369	⊖1,108			
瑞典	出	3,203,000	3,674,000	864	670	0.03	0.21	
	入	3,393,000	3,885,000	1,600	5,137	0.04	1.34	
	差			⊕736	⊖4,467			
西독	出	736,000	954,000	48	⊖15	0.005	0.01	
	入	1,956,000	2,259,000	61	58	0.002	0.05	
	差			⊕13	43			
土耳其	出	368,000	416,000	41	⊕2	0.01	0.01	
	入	691,000	542,000	32	5	0.005	0.02	
	差			⊖9	3			
파키스탄	出	417,000	429,000	1,693	⊕5	0.39	0.41	
	入	889,000	998,000	65	881	0.006	0.05	
	差			⊖1,628	876			
希臘	出	290,000	309,000	⊖	53	1	1	
	入	864,000	885,000	124	110	0.01	0.10	
	差			⊕124	57			

-4-

區分 費目 歲出入別		實績 6 3	實績 6 4	豫算 6 4	豫算 6 5	%('64年度) A	%('64年度) B	備考
內 部	歲出	271.000	235.000					
	歲入	234.000	258.000	58	1.249	0.002	0.04	
	差			⊕ 58	⊕ 1.249			
共 他	歲出			39.351	66.880	—	9.98	
	歲入			28.385	42.159	—	23.79	
	差			⊕ 10.996	⊕ 23.721			
計	歲出	138.800.000	151.200.000	404.351	449.952	0.26	100.00	64年度期間文書量 (32536件) 64年度全文書量 (38,900餘件) = 0.13 %
	歲入	142.500.000	158.700.000	119.058	175.082	0.095	100.00	
	差	⊖ 3.700.000	⊖ 7.500.000	㋑ 285.293	㋺ 274.870			

~5~

韓國輸出品의 各國別輸入實積對比表 (GATT加入國)

(單位: US$1000)

國別 區分	貿易輸入額 63	64 (A)	對韓貿易輸入額 64 (B)	65	對美國主要品輸入額 61 (C)	65	比率 率	韓美出比重 (對輸出比重) %	備考
美國	18,590,000	20,251,000	35,504	61,896	34,338	52,796	0.17	29.87	
日本	6,737,000	7,948,000	39,159	63,975	36,309	36,429	0.48	32.05	
西獨	13,022,000	14,618,000	1,146	3,190	724	1,320	0.08	0.96	
英國	12,406,000	15,438,000	6,510	3,592	6,225	2,078	0.04	5.47	
佛國	8,727,000	10,070,000	749	5,279	540	264	0.009	0.62	
加	6,618,000	7,559,000	450	2,540	296	1,057	0.006	0.37	
濠洲	828,000	819,000	346	329	190	74	0.05	0.33	
瑞西	2,976,000	3,316,000	599	1,241	470	751	0.017	0.49	
뉴질랜드	903,000	961,000	36	5	94		0.003	0.03	
白耳義	5,112,000	5,901,000	1,784	3,308	1,608	1,975	0.029	1.49	
伊太利	7,590,000	7,231,000	822	1,179	720	640	0.01	0.70	
和蘭	5,996,000	7,055,000	2,685	3,900	2,069	1,895	0.03	2.24	
瑞典	3,393,000	3,955,000	1,600	5,137	1,401	4,922	0.04	1.34	
西班牙	1,956,000	2,259,000	81	58	48	27	0.002	0.05	
土耳其	691,000	742,000	32	5	31		0.005	0.02	
데니스	882,000	998,000	15	291	39		0.006	0.05	
希	804,000	885,000	124	110	112	57	0.01	0.10	
비	234,000	258,000	58	1,249	59		0.002	0.04	
小計	102,500,000	118,700,000	90,798	132,823				76.21	
其他			28,355	42,159				23.79	
合計			119,053	175,081			0.095	100.00	

註 1. 日本貿易輸入額은 수出基工입已合金
　　2. 貿易輸入額은 IMF 現況
　　3. 對韓國輸入額은 貿易統計年報: 飛關局發行
　　4. 對韓國의 主要品輸入額은 40,000 弗以上 輸出貿品目의 收益 統計

韓國輸入品의 各國別 輸出實績對比表 (GATT加入國)

（單位: US $1000）

國別	總輸出 63	總輸出 64	對韓輸出 64	對韓輸出 65	對韓主要品目輸出額 64	對韓主要品目輸出額 65	比分 率	比分 對韓輸比	備考
美 國	23,393,000	26,582,000	202,059	132,283	178,890	102,102	0.96	49.97	
日 本	5,452,000	6,674,000	110,119	166,633	75,305	82,228	1.64	22.24	
西 獨	14,621,000	16,221,000	23,957	16,051	16,870	3,833	0.14	5.91	
英 國	11,357,000	12,341,000	3,176	1,194	1,042	—	0.02	0.79	
佛 蘭	8,085,000	8,995,000	119	2,504	1,921	659	0.01	0.02	
加	6,772,000	8,092,000	2,537	1,636	1,636	—	0.03	0.62	
濠 洲	894,000	908,000	1,292	2,570	962	2,079	0.14	0.31	
和 蘭	2,782,000	3,440,000	9,011	3,061	7,211	2,167	0.26	1.99	
뉴질랜드	910,000	1,074,000	1,134	851	766	253	0.10	0.28	
白 耳 義	4,839,000	5,598,000	1,519	1,361	—	—	0.03	0.37	
伊 太 利	5,055,000	5,956,030	4,503	1,351	3,263	593	0.07	1.12	
和 共	4,961,000	5,809,000	4,034	2,722	2,116	—	0.06	1.00	
瑞	3,203,000	3,674,000	814	870	—	—	0.03	0.21	
西 班 牙	936,000	954,000	449	15	—	—	0.005	0.01	
土 耳 其	368,000	411,000	41	2	—	—	0.01	0.01	
파키스탄	417,000	475,000	1,693	5	1,694	—	0.39	0.41	
布	339,000	305,000	—	—	—	—			
버 마	291,000	235,000	—	—	—	—			
小 計			315,000	384,072				90.02	
其 他			39,351	15,880			0.26	9.98	
合 計	138,800,000	157,200,000	404,351	449,952			0.26	100.00	

註 1. 日本總輸出額은 독일自由貿易統計
　 2. 輸出額은 IMF統計
　 3. 對韓輸出額은 부분書기보 : 해당年度並計 金額이 限한 統計
　 4. 對韓主要品目輸出額은 500,000 이룬 品目을 以上輸出本績

美國의 輸入品別 實績 및 比重表

稅 別		品 名 ⑧	賣 處 ⑦		韓國輸入額 ⑧ $1,000	韓國品輸入額⑨ 總入率比(%)	美商輸入額 別에依한			輸入量 ⑩		備 考
稅 ID	BTN		賣處	基本			1	2	3	輸入量		
091.140	301.00	肉	異	敎 敎	29,159	1,132 (4.0)	12,912 日本	1,009 馬來	999 華	883 Spain	韓國品輸出은總賣入額에隱하여및그것과大이輸入比에依하여韓國品輸入은率賣處에依他大
031.311	303.11	새	우	"	69,092	356 (0.5)	45,929 메시코	8,592 日本	496 華	329 카나다	韓國貿易對 34
031.312	301.12	甲殼類斗軟体動物 (새 우 除 外)	"	"	620,026	07 (0.04)	22,059 카나다	514 日本	542 메시코	219 華	韓國貿易對 30
032.020	160.500	甲殼類斗軟体動物의 調製 食 料 品	"	"	25,233	156 (0.6)	6,299 카나다	6,071 日本	2,360 카나다	2,006 메시코	韓國貿易對 30
2100.012	030.192	羊 毛	皮	"	7,033	07 (2.8)	933 카나다	433 日本	243 華	39 메시코	美國의 總計 敎處는 刑類或와서限或大타 韓國貿易 6
263.10	300.210	生	皮	"	19,545	3,130 (23.0)	2,930 日本	2600 伊太利			
293.922	240.128	생 고 스 형	擾	60%	2,672	201 (9.0)	356 보라비아	399 카나다	138 메시코		韓國貿易對 64
291.921	521.10	版	毛	山羊 3年 4海 1人 25%	8,604	650 (.9)	1,901 華	659 台湾	286 日本	61 메시코	韓國貿易對 7
252.911	1903.10	版	天	12%	1,329	91 (6.3)	595 모루코	376 日本	135 西獨	63 香港岩	
031.211	444.510	金	版	40%	52,650	8,026 (15.6)	146,639 日本	13,029 台湾	321 메시코		
022.131	510.910	精製糖 (生糖外)	版		44,117	2,033 (4.5)	12,292 全 運	9,247 日本	4,633 華		

稅목		品目	稅率		總輸入額	韓國品輸入額	主要輸入國別 順位				備考
SITC	BTN	品名	日本	韓國	$1,000	總輸入比率(%)	1	2	3	4	
652.292	550.920	綿織物(染色한것或은날염한것)(生地染한것)	基本稅+10% 基本稅+25% " +3% " +18%		59,562	151 (0.3)	日本 23,462	伊太利 42,294	—	—	날염한 것에서부터 순위, 과세율(生地染한 것)과 買一覧
652.109	530.900	綿 織 物	65%	22.5%	20,944	79 (0.4)	日本 10,231	伊太利 6,399	可燃 1,240	系 282	韓國統計 40
653.200	531.100	毛 織 物 其 他 Serge	乙種 204+60% 乙種 204+25%		43,999	1,500 (3.5)	日本 29,441	伊太利 4,994	伊太利 3,094	系 20	
653.519	530.449	合成長纖維織物	乙種 204+70% 乙種+22%		11,690	181 (1.5)	日本 7,261	英 國 91	英 國 26	英 國	韓國統計 111
653.618	530.417	人造長纖維織物	乙種 204+11% 乙種+22%		11,211	326 (2.8)	日本 2,269	伊太利 168	伊太利 242	가나다	韓國統計 57
653.822	540.720	人造短纖維織物	乙種 204+190% 乙種+22.5%		4,987	400 (8)	日本 1,526	湖 074	伊太利 400	加 國 212	
653.940	540.100	壓布(建物性及毛織物)	40%	13.5%	21,139	61 (0.3)	英 買 5,421	日 本 285	비시밀 499	系 96	韓國統計 322
654.020	590.600	短 織 織 物 Labels Badges etc	61.5%	25%	1,320	0	日 本 1,259	—	—	—	韓國統計 11
655.910	620.200	턴 턴 및 가 타	40%	20%	4,020	442 (11)	日 本 3,379	223	印 度	—	韓國統計 203
894.896	730.350	3급째 지수에 것으로서 漢字 표는 첫날것한다. 貿 金 額들 漢測板	乙種 204+39% 0.18+8%		42,357	0	日本 28,195	6,723	2,232	스4,426	韓面西
224.211	950.512	머리호 及 기敎	32.5%	12.5%	73,273	256 (0.3)	日本 63,520	2,299	1,905	115	韓國統計 409
594.110	610.310	男子用 衣 裳 (外玉)	90%	22.5%	59,263	全99함 (9.2)	日本 13,921	西 强 2,411	가나다 936	英 國 226	韓面總計 2,336
594.110	610.100	(內衣)									

主要輸入國別順위 표 (手記)

SITC ①	BTN ①	品 名 ④	稅率 基本 ⑤	稅率 協定 ⑤	總輸入額 ⑥ $1,000	韓國輸入額 增減率 ⑦	主要輸入國別順位 1 ⑧	2	3	4	備 考 ⑨
944.120	6102.00	女子用.幼兒用.外衣類	90%	42.5%	99,541	1,192 (1.6)	35,392 日本	516 伊太利	156 英國	110 가나다	
941.140	6104.00	女子用 幼兒用 内衣類	90%	42.5%	2,094	190 (9.1)	584 日本	259 伊太利	253 英國	가나다	韓國統計 345
951.010	6401.00	고무 製革類	35%	12.2%	32,398	1,521 (4.7)	24,074 日本	549 光東亞	252 英國	96 台灣	韓國統計 2,366
951.020	6402.00	皮革 製靴類	35%	20%	64,040	75 (4.1)	59,236 日本	996 가나다	613 英國	39 日本	韓國統計 436
851.040	6403.00	其他 水不위 신 발	35%	15%	14,402	1,429 (10.0)	10,753 日本	155 伊太利	138 英國	가나다	韓國統計 314
813.099	9405.90	其他 水不위 燈照器	稅	稅	3,103	529 (3.9)	248 英國	490 日本	243 伊太利		
399.222	4603.21	軍需 製品	18%	6.4%	5,402	134 (4.3)	712 메시코	641 日本	623 香	296 伊太利	韓國統計 45
999.223	4603.22	야 細 工 品	50%	25%	2,875	83 (1.5)	992 日本	534 香港	301 伊太利	443 메시코	韓國統計 62
999.990	8302.00	造化 命令 品	70%	35%	2,644	26 (1.0)	2,026 日本	117 香港			韓國統計 332
891.110	502.00	人 製 有	20%	8%	—	210 (8.0)					
899.941	6903.10	人 假 髮 類	30%	15%	—	1,989					
999.942	6903.20	假 髮 類			26,285	3,625 (13.8)	2,637 香港	4,924 日本	3,894 希臘西	1,227 伊太利	
899.950	6704.00	假毛 수염 케비唱			—	—					

番号 ① SITC / BTN	品 名 ④	税率 ⑤ 基本 / 協定	総輸入量 ⑥	韓国品輸入額 ⑦ 輸入量	輸入関税額 順位 番入額 ⑧ 1	2	3	4	備 考 ⑨
291 910 / 5020.00	人 蔘	20% / 8%	2,269	1,335 (53.1)	405 伊太利	-239 可度	-239 -- 42 -- 伊爾蘭	-239 伊太利	輸員流入2 0
899 994 / 6903.10 6903.20 6904.00 / 6922 950 6904.03	人 工 髮 假髮 및 기타 벽面수림 커버 릴등	30% / 15%	24,016	1,258 (5.2)	9,639 香 港	3,605 伊爾西	4,914 日 本	1,229 伊太利	輸員流高 3993

日本國의 輸入品別 實績 및 比重表

(1965年 1月~11月) 單位; US$1,000 ⑧

番號 SITC	BTN	品名	基本稅	暫定稅	總收入額	輸入品目 比重(%)	1	2	3	4	5	備考
013000	10300	豚	종稅	종稅	106	0	濠洲 54	英國 30	米國 17	故果地 5		比率은 우리나라 統計에 依함
011650	20150	肉	10%~25%		375	31 (8.26)	豪洲 151	米國 120	新嘉坡 102	우리나라 2		우리나라 國産
011990	300400	鳥肉 獸肉類	10%		1079	0.2 (0.018)	濠洲 226	米國 342	英國 13	香港 0.7		
031130	30130	魚 (活)	10%		1286	904 (6.863)	香港 222	中共 117	米國 14	琉球 113		
031140	30140	魚 料	10%		12325	5440 (42.13)	中共 3995	新嘉坡 1661	台灣 125	加奈陀 101		
03121x	302311	明 卵 (Cod Roe)	15%		504	82 (16.31)	北韓 318	東洋 103				
031223	302223	마른것 오징어	15%			3144						
031241	30241	정	15%		900	602 (26.0)	北韓 155	琉球 37	香港 84	森國 3298		
031311	30311	새우	10%		28922	852 (2.95)	中共 9251	메시코 9237	香港 4241	香港 3298		
031312	30312	甲殼類와 軟體動物 (生, 生鮮 冷凍된것)	10%	5%	5685	549 (8.63)	曲班玄 4855	中共 114	葡阿尼 74	有廉 41		
031390	20390	(冷藏된것)	15%		2829	223 (2.18)	英 53	北 2	葡阿尼 41	中共 2		月로, 比率은 우리나라 貿易에 依함
032010	160400	魚類의 調製食料品	20%		248	35 (14.1)	南阿聯 121	中共 25	中共 20	묘조상 15		華國 依 368

~12~

税番① SITC / BTN	品名②	税率④ 基率 %	税率④ 協定	總輸入額⑤	韓國品輸入額⑥ 輸入額 (%比率)	主要輸入國順位⑦ 1	2	3	4	備考⑧
042220 100620	糖 米	15%	無稅 (40.23?)	92,978	1,660 (1.69)	英國 12,275	中共 3,844	마 1,056	米國 521	日然對比率은 우리 나라 類似에 感함
052891 100521	마 豆	故障 ¥2	無稅			마 버	마			우리나라 類似月稅에 感함
081320 230020	植物性油粕 (大豆油粕外)	無稅		2,620	63 (2.43)	우리나라 1,846	우리나라 367	中共 108	버 58	
122011 450011	초기十旱菜皮	〃		1,871	1.9 (1.095)	世界 司 1,605	메 국 1,138	中共 133	北共 14	
261200 500300	屑 絹	15%	無稅	2,359	16 (0.63)	英國 1,503	北共 599	영국 65	北盟 36	
263390 500210	生 絲	〃		36,113	34 (0.96)	中共 2,882	北共 510	司 84	英國 34	
296212 250072	屑 劍	無稅		2,601	335 (12.99)	英國 1,922	英國 265	香港 69	獨 1	
296221 250010	鱗状 其絽	〃	無稅 10% (163.31?) 殘稅 3基부터 이 1개以半 45X下부터	576	172 (29.96)	세이론 290	세이론 126	北共 15	中共 10	
296222 250020	天然 其絽	〃		299	.01 (122.16)	西獨 89	MADAGAS 90	北共 11	메시코 6	
296330 257300	台 貝	〃		121	.113 (199.96)	칠레 이	北共 70	台貝殻 33	메시코 1	
296510 250600	右 貝	〃		211	.354 (97.77)	北共 .126	우라칸 100	中共 93	마 21	
296541 253110	鹽 石	無稅		38,722	.823 (1.05)	中共 1,312	英國 1,234	伊太利 211	日國 65	

表 ② SITC / BTN	品番 ②	名 ②	本 税	税 ②	現行輸入量 ④	輸入品分類 ④ 税入比率(%)	主要輸入國別 輸入量 ④ 1	2	3	4	備考 ⑥
206 542 / 2531 21	長石	石	無税		64	30 (46.97)	印度 24	中共 10		4	算銃 52
206 549 / 2531 29	白雲石	石			64	0	美國 44				算銃 134
216 610 / 260200	鐵滓	屑			2100	197 (9.38)	印度 1640	香港 187	中共 62	美國 8	算銃 126
206 992 / 2532 21	石	石			0	45					우리나라 輸銃 月販 에 依含
206 950 / 2532 00	海	石			902	103 (14.30)	中共 282	蘇聯 107	伊太利 67	北算 64	算銃 253
206 994 / 2533 29	珉砥以外의 鑛物	鑛物			1,790	73 (4.07)	比律賓 884	로데시아 550	濠洲 195	美國 164	
281 311 / 2601 11	鐵	鑛	免税	免税	492,220	7,239 (3.61)	印度 78,117	美國 35,126	西阿弗 15,147	美國 3,997	
283 418 / 2601 16	鉛	鑛			13,164	969 (7.36)	馬來 6,739	보르네오 2,923	西阿弗 2,113	北算 609	
283 577 / 2601 17	亞鉛	鑛			32,726	1,104 (3.37)	濠洲 2,681	보르네오 1,353	加奈陀 1,186	加奈陀 1,050	
283 992 / 2601 23	텅그스텐	鑛			1,991	258	濠洲 634	비 中共 159	加奈陀 139	北算 130	
293 932 / 260 133	모리부데늄	鑛	免税	免税	13,052	3,109 (1.78.61)	美國 7,236	加系陀 1,867	美國 139	비 마	
283 996 / 2604 46	鑄	水									

~14~

税番① SITC / BTN	品 名② 品 称	税率 基本税	税率 特恵	總輸入額②	韓國品輸入額의 輸入比率③ (%)	資済輸入順別 順位 輸入額④ 1	2	3	4	備考
291112 050820	骨粉(中)	無税	-	559	1 (0.01)	泰國 418	香港 39	英國 61		舊税 141
291910 501000	人蔘	10%	·	978	428 (93.76)	印尼 420	印度 62	中共 60		舊税 137
292620 120720	人蔘	10%			161					우리나라 教討月報에
292480 120730	剝皮以外의 植物性生薬	10%	舊增 * 160	659	101 (14.44)	中共 317	可溶 60	台湾 40		舊税 60
292911 130310	薬	5%		1335	1034 (3.72)	西歐諸 163	可溶 60	中共 40	泰國 40	
292992 140591	香水草	5%		268	265 (3.70)	223	한나라 Kenya			
292935 140594	薬草	5%								
292996 140595	玉	5%								
292997 140596	진	5%		3	0					
321011 270111	炭	舊税-10% 一割素税		13862	2065 (13.20)	藏盟 2652	南阿聯 3377	中共 181	加拿 195	
437320 131900	脂肪性物油	5%		3	234 (68.22)	英國 3				
652131 550810	綿織物(生地의것)	10%		395		여러나라 62	中國 34			舊税 52

稅番② SITC / BTN	品名③	稅率 基本稅率	實績 輸入額④	主要品輸入額⑤ 比率(%)	主要輸入國別順位⑥ 1	2	3	4	備考
652292 / 550920	綿織次가의繼電術(主地아닌것)	20%	2,623	2 (0.08)	瑞西 296				
653110 / 500900	絹織物	20~25%	1,242	576 (41.50)	伊太利 161	佛國 106			算然 303
653710 / 600110	編染메리야스 도체질 編物	15%	32	2 (6.30)	西独 19				
653940 / 591100	植物性電用筬物(物)	10%	0	0					算然 447
681113 / 710530	銀	10%	5,541	142 (2.70)	美國 3,925	河車 4808	比算 41		
681119 / 710590	銀板	10%							
682119 / 740120	銅塊	10%	98,037	0	Zambia, mozamd. 33/31	Zambia, mozamd. 3,150			
684150 / 760600	알미늄管	20% 25% (60.331)	94		美國 93				
698940 / 821600	알미늄製品	20%	990	3 (0.30)	美國 912	美國 16			算然 300
724212 / 852512	라디오及送信機	30% 18%	894	0.1 (0.01)	美國 56	英國 17			算然 604
729218 / 850890	內燃機關의點火數 도는 火用電光機器	15%	490	0	西独 304	佛班 59			算然 351
841300 / 610900	女子用나라 카우스等 肉類品	20%~30%	216	197 (88.0)	美國 19	英和國 1	0.11	0.1	算然 160

~16~

SITC	BTN	品名⑤	基本税率	關税率⑥	總輸入量⑦	韓國品輸入量⑧ 構成比(%)	美・中 輸入 規制 順位 輸入量⑨ 1	2	3	4	韓	備考⑩
841.290	6111.00	슬립, 아동스립등	20%	農	39	25 (44.0)	10 美國 3,047	3 香港 327	0.3 墺	4	韓民	496
899.941	6203.10	人		農	5,045	415 (8.2)	中共	香港			-	657

韓國이 締結한 各國間의 貿易 및 通商協定

番號	形 態	內 容	名	締結日	相對國
1	條約	大韓民國과 美合衆國間의 友好通商 및 航海條約		57.10.7	英國
2	協定	大韓民國과 占領下 日本間의 通商協定		58.6.2	日本
3	〃	大韓民國政府와 필리핀 共和國政府間의 貿易協定		61.2.w	비
4	〃	大韓民國政府와 中華民國政府間의 貿易協定		61.3.3	中華民國
5	〃	大韓民國政府와 越南共和國政府間의 貿易協定		62.12.19	越南
6	〃	大韓民國政府와 泰王國政府間의 貿易協定		64.9.15	泰國
7	〃	大韓民國과 말라야 聯邦間의 貿易協定		62.12.31	말라야
8	〃	大韓民國政府와 伊蘭 亞政府間의 關稅協定		64.3.12	伊蘭
9	〃	大韓民國政府와 부라질合衆國政府間의 貿易協定		63.5.21	부라질
10	〃	大韓民國政府와 이라크政府間의 貿易協定		64.4.27	이라크
11	〃	大韓民國政府와 버-마聯邦政府間의 貿易協定		64.6.7	버-마
12	〃	大韓民國과 사우디아라비아王國間의 貿易協定		64.10.16	사우디아라비아
13	〃	大韓民國과 콩고共和國間의 貿易協定		65.4.9	콩고
14	〃	大韓民國政府와 이탈리아政府間의 貿易協定		65.3.9	이탈리아
15	〃	大韓民國政府와 濠洲政府間의 貿易協定		65.9.1	濠洲

貿易協定締結國에對한輸出實績

區分 輸出國別	51	52	53	54	55	56	57	58	59	60	61	62	63	64	65
總 輸 出 額	405.14	1,948.44	3,989.20	668	17,966	24,595	22,302	16,451	19,842	32,827	40,879	54,813	86,802	119,056	175,081
美 國	38.19	846.44	1,989.09	376	7,361	10,912	4,094	2,859	2,133	3,647	6,524	11,926	14,297	35,526	61,694
日 本	389.60	1,053.91	1,498.89	220	7,253	8,146	10,820	8,778	12,694	20.75	18,397	23,493	40,841	35,143	63,396
比 律 賓			2.99	1	1	5	67	10	127	52	139	337	2,596	1,172	1,431
中 華 民 國	0.12	7.96	17.45	35	129	238	269	114		504	580	1,356	233	1,849	1,844
越 南										45	65		12,140	6,314	14,983
泰 國				0	1	1	10	108	41	89	342	840	1,582	2,844	4,381
말 라 야				14	7	1				4	176	257	69	395	3,799
獨 逸					1,170	749	7	45	26	7	36	696	538	750	527
부 라 질				0.1										50	56
西 班 牙													33		189
加 茶												10			1,269
버 마											5	39	48	60	
콜 롬 비 아															41
瑞 典			26	323	389	586	83	494	632	981	344	1,275	1,186	9,779	
伊 太 利			1.5	86	239	244	195	10	5	615	1,871	1,810	833	1,179	
濠 洲			0	2	2	1		3	151	239	528	1,204			
기 타										1	57		96	5	

貿易協定締結國○로부터의 輸入實績 備考표及

單位 : US 1,000弗 (單位 千弗)

區分 輸出國	51	52	53	54	55	56	57	58	59	60	61	62	63	64	65
美 國	1,218.20	2,044.19	22,939.43	2,797	340,406	366,669	460,796	338,165	303,807	345,507	316,162	421,782	356,373	409,897	449,925
日 本	44.10	795.47	3,702.36	613	77,778	86,933	102,526	248,870	147,541	189,746	147,590	323,941	384,065	202,078	182,283
比 律 賓	886.62	1,149.37	10,466.40	1,061	19,068	24,722	93,599	49,864	30,392	70,400	49,212	108,171	157,940	110,112	166,885
中 華 民 國	15.01	11.06	135.48	19	7,202	3,795	8,194	6,112	8,707	15,515	9,857	13,144	12,199	8,395	11,077
越 南		828.76	1,094.49	127	4,259	5,045	8,846	10,799	5,845	5,658		7,369	10,799	5,176	10,643
泰 國											1,111	0	1,437	3	16
말 라 야		597.18	2,382.48	11	60	46	3,899	954	774	808	340	1,794	208	66	1,203
西 獨		28.55	269.52	7	1,698	5,337	4,633	5,033	2,507	7,562	3,890	2,123	1,372	2,570
부 라 질		1.63	403.30	10	2,891	1,819	1,365	890	840	2,427	1,101		139	119	3,504
印 度											1,548	2,021			
버 마						46									493
캄 보 디 아			12.57	3	133	130	484	1,357	494	490	762	1,031	208	663	483
西 班										135	83				
伊 太 利	0.06	3.42	55.65	58	10,634	11,635	13,597	21,037	35,338	44,033	36,195	19,195	33,730	23,957	16,057
濠 洲	0.00	0.03	133.20	88	7,895	8,951	7,232	15,846	16,200	11,496	11,681	11,687	3,750	603	8,851
유 고	1.09	22.79	768.91	57	489	420	3,836	8,361	2,732	2,485	6,003	6,495	10,033	8,011	3,361
뉴 질 랜 드		1.98		2	193	19	39	39			26	1,370	1,577	1,734	851

(單位 ; US 1,000弗)

國別	64 輸出	64 輸入	差減	輸出	輸入	差減	65 輸出對	輸入對	輸出入收占率 (%) 輸出對	輸入	備考
中國	1,946	5,179	⊖ 3,233	1,944	10,463	⊖ 8,519	1.8	1.3	1.3	2.3	資料
南美	6,314	3	⊕ 6,311	14,783	16	⊕ 14,767	6.3	0	8.4	0	1. 무역통계 연보 1964
北洋	1,172	8,995	⊖ 7,823	1,421	11,077	⊖ 9,656	2,98	2.2	1.8	2.5	및 마 대한무역별
이太	484	0	⊕ 484	858	561	⊕ 297	0,41	0	0.5	0,12	2. 무역통계 월보 1965.
나우	214	0	⊕ 214	213	93	⊕ 120	1.17	0	0.15	0	/3,4분 사분기 월 명
볼리비	—	2,832	⊖ 2,832	325	5,446	⊖ 5,121	0	0.7	0.2	1.1	註
멕시코	10	1,015	⊖ 1,005	3	816	⊖ 808	1,05	0.2	0	0.02	1. ⊕表는 輸出超過
캐나다	10	575	⊖ 565	1	1	⊕ —	1,08	0.1	0	—	2. ⊖表는 輸入超過
香港	11,623	5,923	⊕ 5,700	10,833	7,550	⊕ 3,283	2.8	1.4	6.7	0.8	
新嘉坡	2,104	431	⊕ 1,673	2,199	583	⊕ 1,316	1.8	0.1	1.5	0,02	
其尾	708	708	⊕ 0	1,114	10	⊕ 1,104	1.6	0	1.7	0	
小計	24,585	24,659	⊖ 348	33,699	36,815	⊖ 3,116	2,082	6.0	8.75	6.34	
其他	94,473	378,392	⊖ 284,725	144,353	413,032	⊖ 271,859	91,18	94.0	91.35	93,26	
總計	119,058	404,351	⊖ 285,293	105,082	449,852	⊖ 344,870	100	100	100	100	

GENERAL AGREEMENT ON
TARIFFS AND TRADE

RESTRICTED

L/2720
14 December 1966
Limited Distribution

ACCESSION OF KOREA

Report of the Working Party

1. At its meeting on 10 June 1966 the Council of Representatives decided to establish a Working Party to examine the application of the Government of the Republic of Korea to accede to the General Agreement under Article XXXIII and to submit recommendations which may include a draft protocol of accession.

2. The Working Party met on 30 November and on 6 and 8 December 1966.

3. The Working Party had before it the following documents to serve as a basis for its discussion:

    (a) A memorandum on the foreign trade régime of Korea (L/2657).

    (b) A number of questions put by contracting parties in connexion with the memorandum on Korea's foreign trade régime and the replies of the Government of Korea thereto (L/2704 and Addenda 1 and 2).

4. During the meetings the Korean delegation replied to, or commented on, various questions put to it by members of the Working Party and, at their request, supplied various supplementary information.

5. With reference to the Korean system of import restrictions, a member of the Working Party welcomed the statement that the Government of Korea intended to reconcile its import régime with the provisions of GATT. He assumed that, the restrictions being applied for balance-of-payments reasons, Korea would consult with the CONTRACTING PARTIES on these matters under the relevant provisions of the General Agreement, presumably no later than the fall of 1968. The representative of Korea confirmed that his Government would consult under Article XVIII.

6. In reply to a question regarding the implementation of a stipulation in the Korean trade plan permitting the Government of Korea to restrict importation from a country with which Korea's trade showed an unreasonably high deficit, the representative of Korea confirmed that this provision had so far never been implemented and would not be invoked unless there were a serious deterioration in the overall balance-of-payments situation. It would be abolished as soon as the balance of payments improved. Members of the Working Party welcomed the statement and expressed the hope that the provision would remain inoperative.

7.   Questions were asked with regard to the timing of the elimination of import restrictions. The representative of Korea explained that he was not in a position to make any definite forecasts, but he pointed to the recent record of his Government's liberalization measures: from a position where all imports were under a quota system in 1964, Korea had liberalized 79 per cent of its imports at the end of 1965 and would at the end of 1966 have liberalized 85 per cent of total commercial imports. It was hoped that all imports would be liberalized by the end of the Second Five-Year Development Plan in 1971. The representative of Korea confirmed that at present further import liberalization of wheat and other grains was not being considered. In 1971 it was also hoped that the foreign aid programme could be terminated. Imports under the United States AID programme which came exclusively from the United States at present amounted to 15 per cent of total imports.

8.   With regard to "automatic approval" items the representative of Korea explained that the licensing requirement was retained only for technical bank operation reasons; it did not have any restrictive effects. Raw materials for export products and machinery etc. falling in the "non-specified" item category were treated like "automatic approval" items. For "semi-restricted" items licences were granted freely if certain criteria were fulfilled. These criteria varied from item to item but never involved discrimination with regard to country of supply.

9.   The representative of Korea said that the standard, maximum and minimum prices for certain export and import commodities - altogether about 150 items - were based on international market prices. A committee was constantly following the international price developments. The import items subject to that system which were selected mainly on the basis of their importance for the domestic price stabilization, frequently changed.

10. In reply to questions from members of the Working Party concerning the authorized foreign trade enterprises, the representative of Korea explained that representatives of foreign companies were allowed to import, if they were properly registered. A registered enterprise could import for its own account as well as for third parties. The right to store imported goods was not limited to registered enterprises.

11. The representative of Korea confirmed that the reduction of income and corporation tax granted to export enterprises only related to the share of the tax proportionate to their export activities. A member of the Working Party welcomed the statement by the Government of Korea that its export promotion measures would be made to conform to the requirements of Article XVI of GATT.

12. The representative of Korea said that the temporary special customs duties were imposed for two purposes: to stabilize the balance of payments and to prevent domestic prices from rising. The importers, knowing that excess profits would go to the Government in the form of temporary special duty, had been found to be likely to reduce prices in such cases. The temporary special duties were also levied on AID imports. The "normal arrival price" of the products was the c.i.f. price. It was the intention of the Government of Korea to abolish the temporary special duties when the balance-of-payments situation improved.

13. A member of the Working Party noted that whilst most of the provisions relating to the temporary special customs duties appeared to be mandatory within the terms of Article II:1(b) of GATT, one element in it, the classification of goods in categories I or II, did not appear to have a mandatory character. Members of the Working Party noted, however, from the Korean replies to the questionnaire that the current criteria were that items paying a normal customs duty of 40 per cent and over fell into category I and items paying less than 40 per cent fell into category II. It was their understanding that these criteria would be maintained on the bound items after Korea's accession to GATT. The representative of Korea confirmed that any future change would relax rather than intensify the effects of the law, in other words the 40 per cent demarcation line might be pushed upwards so that the number of items falling into category II would be increased.

14. In reply to a question, the representative of Korea confirmed that the working of the formula for the calculation of the temporary special duty would result in the collection of a higher temporary special duty whenever the ordinary customs duty was reduced, e.g. as a result of the accession negotiations. However, it was the intention of his delegation to propose to its Government that for the purposes of collection of the temporary special duty on items bound in the Schedule of Korea, the ordinary duty in effect prior to the reduction - and not the reduced rate - be taken into account.

15. The representative of Korea, in reply to a question, said that it was true that the floating exchange rate of the won had been stabilized at around W 270 per United States dollar since March 1965. The stabilization was, however, due to Government interventions through open market operations. It was hoped that it would soon be possible to stabilize it without the help of such operations. It would then be time to adopt a fixed exchange rate.

16. The lists of commodities annexed to bilateral trade agreements of Korea were, the representative of Korea explained, only indicative lists and did not fix any ceilings or commitments for imports from the countries concerned.

17. Having carried out the examination of the foreign trade régime of Korea and in the light of the assurances given by Korea, the Working Party reached the conclusion that, subject to the satisfactory conclusion of the relevant

tariff negotiations, Korea should be invited to accede to the General Agreement under the provisions of Article XXXIII. For this purpose, the Working Party has prepared a draft Decision and a draft Protocol, annexed to this report. It is proposed that these texts be approved by the Council when it adopts this report. When the tariff negotiations between Korea and contracting parties, in connexion with the accession, have been concluded, the resulting Schedule would be annexed to the Protocol and the Decision would then be submitted to a vote by contracting parties in accordance with Article XXXIII. When the Decision is adopted, the Protocol would be opened for acceptance, and Korea would become a contracting party thirty days after it accepts the Protocol.

ANNEX I

Draft Decision on the Accession of Korea

The CONTRACTING PARTIES,

Having regard to the results of the negotiations directed toward the accession of the Republic of Korea to the General Agreement on Tariffs and Trade, and having prepared a Protocol for the accession of the Republic of Korea,

Decide, in accordance with Article XXXIII of the General Agreement, that the Republic of Korea may accede to the General Agreement on the terms set out in the said Protocol.

ANNEX II

Draft Protocol for the Accession of Korea to the General Agreement on Tariffs and Trade

The governments which are contracting parties to the General Agreement on Tariffs and Trade (hereinafter referred to as "contracting parties" and "the General Agreement", respectively) and the European Economic Community, having received from the Government of the Republic of Korea a request for accession to the General Agreement, and the Government of the Republic of Korea (hereinafter referred to as "Korea").

HAVING regard to the results of the negotiations directed towards the accession of Korea to the General Agreement,

HAVE through their representatives agreed as follows:

Part I - General

1.   Korea shall, upon entry into force of this Protocol pursuant to paragraph 6, become a contracting party to the General Agreement, as defined in Article XXXII thereof, and shall apply provisionally and subject to this Protocol:

   (a) Parts I, III and IV of the General Agreement, and

   (b) Part II of the General Agreement to the fullest extent not inconsistent with its legislation existing on the date of this Protocol.

The obligations incorporated in paragraph 1 of Article I by reference to Article III and those incorporated in paragraph 2(b) of Article II by reference to Article VI of the General Agreement shall be considered as falling within Part II for the purpose of this paragraph.

2.   (a) The provisions of the General Agreement to be applied by Korea shall, except as otherwise provided in this Protocol, be the provisions contained in the text annexed to the Final Act of the second session of the Preparatory Committee of the United Nations Conference on Trade and Employment, as rectified, amended, supplemented, or otherwise modified by such instruments as may have become at least partially effective on the day on which Korea becomes a contracting party; provided that this does not mean that Korea undertakes to apply a provision of any such instrument prior to the effectiveness of such provision pursuant to the terms of the instrument.

(b) In each case in which paragraph 6 of Article V, sub-paragraph 4(d) of Article VII, and sub-paragraph 3(c) of Article X of the General Agreement refer to the date of that Agreement, the applicable date in respect of Korea shall be the date of this Protocol.

Part II - Schedule

3.   The schedule in the Annex shall, upon the entry into force of this Protocol, become a Schedule to the General Agreement relating to Korea.

4.   (a) In each case in which paragraph 1 of Article II of the General Agreement refers to the date of that Agreement the applicable date in respect of each product which is the subject of a concession provided for in the schedule annexed to this Protocol shall be the date of this Protocol.

(b) For the purpose of the reference in paragraph 6(a) of Article II of the General Agreement to the date of that Agreement, the applicable date in respect of the schedule annexed to this Protocol shall be the date of this Protocol.

Part III - Final Provisions

5.   This Protocol shall be deposited with the Director-General to the CONTRACTING PARTIES. It shall be open for signature by Korea until 31 December 1967. It shall also be open for signature by contracting parties and by the European Economic Community.

6.   This Protocol shall enter into force on the thirtieth day following the day upon which it shall have been signed by Korea.

7.   Signature of this Protocol by Korea shall constitute final action to become a party to each of the following instruments:

(i)   Protocol Amending Part I and Articles XXIX and XXX, Geneva, 10 March 1955;

(ii) Fifth Protocol of Rectifications and Modifications to the Texts of the Schedules, Geneva, 3 December 1955;

(iii) Sixth Protocol of Rectifications and Modifications to the Texts of the Schedules, Geneva, 11 April 1957;

(iv) Seventh Protocol of Rectifications and Modifications to the Texts of the Schedules, Geneva, 30 November 1957;

    (v)   Protocol Relating to the Negotiations for the Establishment of New Schedule III - Brazil, Geneva, 31 December 1958;

    (vi) Eighth Protocol of Rectifications and Modifications to the Texts of the Schedules, Geneva, 18 February 1959; and

    (vii) Ninth Protocol of Rectifications and Modifications to the Texts of the Schedules, Geneva, 17 August 1959.

8.   Korea, having become a contracting party to the General Agreement pursuant to paragraph 1 of this Protocol, may accede to the General Agreement upon the applicable terms of this Protocol by deposit of an instrument of accession, with the Director-General. Such accession shall take effect on the day on which the General Agreement enters into force pursuant to Article XXVI or on the thirtieth day following the day of the deposit of the instrument of accession, whichever is the later. Accession to the General Agreement pursuant to this paragraph shall, for the purposes of paragraph 2 of Article XXXII of that Agreement, be regarded as acceptance of the Agreement pursuant to paragraph 4 of Article XXVI thereof.

9.   Korea may withdraw its provisional application of the General Agreement prior to its accession thereto pursuant to paragraph 8 and such withdrawal shall take effect on the sixtieth day following the day on which written notice thereof is received by the Director-General.

10. The Director-General shall promptly furnish a certified copy of this Protocol and a notification of each signature thereto, pursuant to paragraph 5, to each contracting party, to the European Economic Community, to Korea, to each government which shall have acceded provisionally to the General Agreement, and to each government with respect to which an instrument establishing special relations with the CONTRACTING PARTIES to the General Agreement shall have entered into force.

    This Protocol shall be registered in accordance with the provisions of Article 102 of the Charter of the United Nations.

    Done at Geneva this .... day of .... one thousand nine hundred and sixty .... in a single copy in the English and French languages, both texts being authentic except as otherwise specified with respect to the schedule annexed hereto.

외   무   부

외통국   763 - 30299   1966. 12. 22.
수 신 : 국무회의 의장
참 조 : 총무처 장관
제 목 : 국무회의 안건 상정의뢰 (보고 안건)

        다음 안건을 국무회의에 보고코저 하오니, 12. 27.
국무회의에 상정하여 주시기 바랍니다.

                    다   음

1. 안건 제목 : "갓트" 가입 교섭결과 보고 (보고사항)
2. 유인물의 부수 : 75 부   끝.

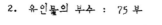

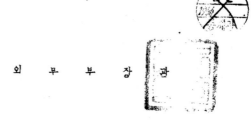

                외   무   부   장   관

議案番号	才 1624 号	
接 受	1966. . .	
年 月 日	(才 回)	

〃갓 트〃加入交涉結果報告

提 出 者	国務委員 李 東 元 (外務部長官) 国務委員 金 鶴 烈 (財務部長官) 国務委員 朴 忠 勳 (商工部長官)
提出年月日	1966. 12. 24.

1. 報告主文

가. 政府는 지난 5月13日 国務会議에 報告하고 5月20日 大統領閣下의 裁可를 得하여 갔트加入申請을 行하였고; 이에 따라 9月12日에 瑞西国 제네바에 首席代表 韓豹頊 駐제네바大使, 交替首席代表 鄭韶永 税政次官補以外에 外務, 財務, 商工 및 韓国銀行의 関係実務者級으로 構成된 加入交渉 代表団을 派遣하였으며

나. 同 代表団은 約3個月間 現地에 滞在하면서 関係各国과 갔트加入을 為하여 前後 31次에 걸친 関税讓許交渉会議에 臨하여 総62個 品目에 関한 関税讓許를 行함으로서 12月2日까지 関係 12個国과의 双務交渉 会議를 全部 終結시켰고
(3項 主要骨字 参照)

다. 同 双務関税讓許交渉이 終結됨에 따라 我国 및 関係14個国으로 構成된 ∥韓国加入을 為한 作業部∥会議를 11月30日부터 12月8日까지 開催케하여 我国의 貿易 및 関税政策이 갓트協定의 諸規定에 合致됨을 同作業部로 하여금 認定케 하고 我国의 갓트加入条件을 規定한 加入議定書의 草案을 提出하여 이를 通過시켰으며

라. 同 作業部의 最終報告는 12月16日 開催된 갔트理事会에 上程되어 異議없이 採択되었으므로, 이로서 1966年5月13日 国務会議에 報告한바 있는 갔트加入을 為한 節次中 才7段階의 節次까지 全部 完了하였으며 앞으로 남은 加入節次로서는 締約国団에 依한 郵便投票 및 我国의 署名等 節次上의 問題만이 남아 있음을 報告함.

－1－

2. 報告理由

갓트加入을 為하여 9月12日 제네바에 派遣한 交渉代表団은
其間 約3個月동안 갓트加入節次上 가장 重要한 関税譲許交渉을
全部 終結시켰으며, 我国의 関税 및 貿易政策이 갓트協定의
諸規定에 合致됨을 関係各国으로 부터 承認받았고 加入議定書의
草案을 作成하여 이를 韓国加入 作業部会 및 갓트理事会에서
通過시켰으므로, 現在까지 完了한 加入交渉의 内容과 앞으로
남아있는 加入節次上의 問題를 報告하기 為함.

3. 主要骨字

가. 交渉経緯

(1) 갓트加入 交渉代表団은 45個品目으로 된 関税譲許表를
提出하고 이를 土台로하여 加入交渉을 進行코저 하였음.

(2) 그러나 우리나라와 関税譲許 交渉 相対国인 美国, 日本, 英
国, 카나다, 南阿聯邦, EEC (6個国), 뉴지랜드 計 12個国
은 우리나라 関税譲許案이 名目的인 것에 不過하고 実質的
인 것이 되지 못한다고 한결같이 不満의 意思를 表明하고
154個 品目 (美国: 49, 英国: 24, 카나다: 15, EEC:
52, 뉴지랜드: 14)에 対하여 追加譲許해 줄것을 要求하
여 왔음.

(3) 이에 対하여 我国代表団은 이러한 追加譲許要求를 拒絶하는
方向에서 関税譲許交渉을 終結코저 努力하였음.

(4) 関係 各国과의 아래와같은 31次의 双務交渉会議를 通하여
代表団은 上記 154個 品目中에서 17個品目만을 追加하는
線에서 모든 交渉을 終結시켰음.

-2-

国別交涉內容表

交涉相対国	交涉会讓日数	追加要求品目数	追加讓許品目数	備　　　考
E E C	5	52	9	据置
美国	8	49	3	케네디·라운드参与案에서 移讓 (据置)
카나다	6	15	2	据置
英国	4	24	2	〃
뉴질랜드	3	14	1	羊肉 (関税引下)
南아프리카	2	0	0	
日本	3	0	0	
計	31	154	17 据置16 引下 1	

나 . 우리나라 関税讓許案의 分析

(1) 関税讓許案의 内容

　　　我国代表団이 讓許키로한 総品目数는 62個品目으로서 이러

　　한 讓許案은

　　(가) 据置 (現行関税率을 앞으로 引上하지 않고 그대로 継続

　　　　存置하는것) 가 42個品目

　　(나) 引上限界点 表示 (앞으로 関税率의 引上 改正時에 그 引

　　　　上의 最高限을 設定하는것) 가 2個品目

—3—

(다) 引下 (現行関税率을 現在 水準以下로 引下하는것)가 <u>1 8</u> 個品目으로 되어 있음.

(2) 関税譲許品目의 選定

(가) 이러한 関税譲許品目은 国内産業保護, 関税収入, 関税率均衡 의 見地에서 選定된 것으로써 이미 内部的으로는 来年에 있을 予定인 関税率調整時 그 税率을 引下 또는 据置키 로 하였던 品目임.

(나) 関税譲許로 因한 関税収入 減少額을 1 9 6 5年 統計에서 推計하면 約 2,800 萬원 (免税額도 包含됨. 따라서 実際 減少額은 보다 작아 질것임)이며 이의 同年 関税収入 総額 1,290,000 萬원에 対한 比率은 約 0.22 %임.

(다) 그러나 이러한 品目은 GATT에 加入하시 않더라도 次期 関税率調整時에 調整될 品目이므로 GATT加入으로 因한 実質的인 関税収入의 減少가 있다고는 볼수 없음.

4. 本譲許가 輸入에 미치는 影響

가. 우리나라 関税譲許의 大部分은 据置로 되어 있는바 他 与件 의 変動으로 輸入増大가 招来될시는 몰라노 関税率 据置로서 는 輸入増大를 招来하시는 않을 것임.

나. 関税引下 品目은 牛, 牛肉, 羊肉, 植物性飲料 베이스 (알콜을 含有하시 않을것), 鳥獸肉類의 調製食料品, 魚類의 調製食料品, 調製된 飲料 베이스 (알콜을 含有하지 않은것), 葉煙草, 硼酸, 硼酸曹達, 黄燐, 내후타린, 写真用 제러찐, 統計 및 会計用 記 録紙, 男子用外衣, 男子用内衣, 女子用 및 乳児用 衣類, 掘

—4—

盞機의 18個品目으로서 이들 品目의 1965年度의 輸入実績은 $ 981,830 이며 同年 総輸入額 $ 449,952,000 에 対한 比率은 約0.22 %에 不過함.

다. 이와같이 関税引下 品目은 그 輸入이 極少한 品目으로서만 構成되어 있을뿐만 아니라 이 中에도 6個品目(牛, 硼酸曹達, 黃燐, 내후타린, 写真用 세라젼, 掘鑿機)을 除外한 品目은 我国 貿易計劃上 一部制限 또는 不表示品目으로서 関税引下만으로서는 輸入이 増大될수 없는 品目임.

5. 쟡트加入을 通하여 얻고저하는 利得

가. 多角的인 貿易協定 締結을 通하여 両者間 貿易協定의 煩雑性을 避하고 貿易協定이 保障하는 我国商品에 対한 無差別 待遇의 国際法的 保障을 받게 됨.
即 現在 變務貿易協定을 通하여 関税 및 輸入節次에 있어서 最恵国待遇를 받고있는 国家는 17個国 (其中 GATT 加盟国은 11個国임)이며 쟡트의 総加盟国은 70個国이므로 残餘 56個国 (共産国家 3個国除外)과 一時的으로 變務貿易協定을 締結한 結果를 가지고 옴

나. 쟡트에 加入함으로써 我国은 쟡트加盟諸国이 지금까지 行한 6萬餘種에 対한 関税讓許의 恵沢을 自動的으로 받게 될뿐 아니라, 케네디·라운드 貿易協商 会議의 参加를 通하여 앞으로 我国은 主要貿易対象国인 美国, 日本, EEC諸国, 英国

— 5 —

瑞典等 케네디·라운드 参加 先進国이 行할 ５０％関税引下의 惠沢을 確保함。 現在 케네디·라운드 交渉過程을 通하여 새로히 関税引下（５０％引下）가 거의 確定的으로 期待되는 品目은 아래와 같으며 同品目에 関한 ６５年度 我国輸出額은 約４,３００萬弗임。

① 美国

品　　　　名	輸　出　額	現行税率	引下税率
베니야 合板	1,700 萬弗	20 %	15 %
生　　　　絲	600 〃	無　税	据置
衣　　　　類	700 〃	21 %	10.5%
고무靴 類	400 〃	一部引下	
生　　　　花	50 〃	42 %	21 %
仮　　　　髮	200 〃	14 %	7 %

約 3,600 萬弗

② 英国

品　　　名	輸　出　額	現行税率	引下税率
텅그스텐	150 萬弗	無　税	据置
綿織物	60 〃	17.5%	7~9%

約 210 萬弗

③ 瑞典

品　名	輸　出　額	現行税率	引下税率
衣　類	350萬弗	15%	7.5%

約　350萬弗

④ 카나다

品　名	輸　出　額	現行税率	引下税率
綿織物	60萬弗	27.5~35%	20~25%
베니야合板	90萬弗	35%	20%

約　150萬弗

総計　約　4,310萬弗

다. 깟트加入은 低開發国(現在 全締約国의 3分之2線에 肉迫)과 相互協助하여 日本, 美国, EEC等 先進国에 對한 通商分野交渉에 있어서 有利한 立場을 取할 수 있으며 그에 따라 尙今 我国의 主要輸出商品을 包含한 後進国 輸出商品에 加하여지고 있는 輸入制限 措置의 撤廢 乃至 緩和를 招來케됨.

　　特히 日本은 我国이 깟트加入国이 아니였다는 狀況을 利用, 日本의 過去의 関税引下 品目에서 我国의 主要輸出品目을 모두 除外하여 있을뿐만 아니라 今次 케네디.라운드 関税讓許会議에서도 이러한 品目이 거의 Exception List

－7－

에 包含되어 있는바, 이러한 点은 앞으로 我國이 갓트 加入國이 되며는 漸次 是正될것임.

이러한 品目은 特히 農水産物分野 品目으로서 앞으로 輸入制限 緩和를 推進할 品目은 아래와 같음.

品 名	輸 出 額	税 率	備 考
活 魚	73 万弗	10%	
鮮 魚	437 〃	10%	쿼 타
성 게 젓	64 〃	15%	〃
마른살오징어	317 〃	15%	〃
軟体甲殼類	45 〃 (64年)	10%	
海 苔	529 〃	枚当¥1.50	〃
寒 天	136 〃	Kg当160원	
魚類통조림	94 〃	20%	
自然黑鉛	51 〃	無税	〃
텅그스텐	43 〃	無税	〃

라. 世界通商情報의 集散地인 갓트活動에 積極 參与하므로서 世界市場 状況을 보다 正確히 把握하여 輸出增大에 寄与 할것임.

卽 現在까지는 低廉한 我國商品価格을 利用 極히 少數品目을 除外하고는 (例 綿織物, 對日輸出 農水産物) 交易相対国의 輸入制限 및 關税制限 等 通商障壁에 関한 充分한 知識없이도 無難히 輸出을 継続하여 왔으나, 앞으로 我國의 輸出額

－8－

이 急進的으로 增加함에 따라 不遠한 將來에 이러한 通商障壁
의 存在가 크게 抬頭될것이며 이러한 通商障壁의 詳細한 內容
은 갓트機構加入國에만 充分히 알려지고 있으므로 我國은 過去
이러한 情報를 充分히 把握치 못하고 있었으며 이러한 情報의
欠乏으로 交涉上 貿易障壁에 關한 情報의 活用이 充分치 못한
實情이 었으나 갓트에 加入하면 充分한 情報를 얻으므로서
輸出增大에 寄与할 수 있을 것임.

6. 케네디·라운드貿易協商会議参加

   가. 現在 제네바에서 進行되고 있는 케네디·라운드貿易協商会議에
   我國은 지난 11月16日에 美國, 日本, EEC, 英國,
   카나다 및 瑞典에 对하여 我國輸出商品 43個品目에 对한
   具体的인 要求案(關税分野에서 25個品目, 非關税分野에서
   18個品目)을 提出하겠음. (同 要求는 1966年 9月6日
   國務会議에 報告한 關税引下要求案의 範疇內에서 代表団의 裁
   量으로 行하였음)

   나. 上記 6個國中 瑞典을 除外한 五大国과는 이미 各 1次의
   予備交渉会議를 가진 바 있으나 本格的인 交渉은 케네디·라
   운드 一般關税 談許会議日程에 따라 明年初부터 統開되는 最
   終段階의 協商에서 이루어 질것임.

7. 加 入 節 次

   가. 12月16日의 갓트理事会의 決定에 따라 갓트事務局은 同理
   事会에서 採択된 我國加入議定書草案과 이에 附屬될 我國의
   關税讓許表를 投票用紙와 함께 締約 70個國에 配布하여 我

   —9—

關加入에 对한 同意与否(投票로서 決定)를 締約國団에 묻게 될것임.(同 理事会는 同 投票方式으로서 我國의 要請에 따라 郵便投票方式을 採択하였음.)

나. 上記 投票에서 全加盟國의 3分之2(47個國)以上의 贊成을 얻으면 我國加入은 最終的으로 確定됨.(現加盟國中 共産圈에 屬하는 國家로서는 큐바, 첵코스로바키아 및 뉴고스라비아의 3個國뿐임.)

다. 我國은 同投票後 1967年12月31日 以前에 加入議定書에 署名하므로서 正式으로 깟트加盟國이 되며 이로써 모든 加入節次가 完了됨.

8. 加入을 爲하여 必要한 國內法措置

가. 깟트에 加入하기 爲하여 앞으로 加入議定書에 署名하기 爲하여 國務会議의 議決 및 大統領裁可를 待하여 國会의 同意를 받아야 하고,

나. 關税法 및 臨時特別法은 我國關税讓許案과 一致되도록 이를 一部 改正하여야 함.

9. 其 他

議定書草案 關税讓許品目 및 그 措置対象國, 關税引下要求品目의 明細表는 現在 깟트 事務局에서 文書化作業을 進行中이며 이것이 終了되는 대로 署名節次를 取하기 前에 國務会議에 上程시킬것임.

-10-

[자료 5] GATT 가입을 위한 의정서 서명 및 국회 동의 요청(1967. 2)

의안번호	제 호
의 결 년 월.일	1967. . . (제 회)

의
결
사
항

관세와 무역에 관한 일반협정에의 가입을 위한 의정서 서명	

제 출 자	국무총리 정 일 권 (외무부 장관) 국무위원 서 봉 균 (재무부 장관) 국무위원 박 충 훈 (상공부 장관)
제출년월일	1967. 2. .

1. 의결 주문

　가. 정부는 관세와 무역에 관한 일반협정(이하 "갓트"라고 칭한다)에 의 우리나라의 가입을 위한 의정서에 서명하기로 의결한다.

　나. 정부는, 또한 헌법 제 56 조의 규정에 따라 우리나라의 갓트 가입에 대한 국회의 체결 동의를 요청하기로 의결한다.

2. 제안 이유

　가. 교섭경위:

　　(1) 우리나라는 1950년 9월에 처음으로 갓트 가입을 위하여 영국 TORQUAY 에 대표단을 파견하여 관세 협상에 참가하고, 가입 의정서를 작성한바 있으나, 동란중 서명절차를 취하지 못하여 갓트 가입이 실현되지 않았음.

　　(2) 갓트가 후진국의 수출증대를 주요업무로 다루게 됨에 따라 갓트 사무총장은 1963년 7월 정식으로 우리나라의 가입을 권유하는 공한을 보내왔으며, 우리정부도 수출이 급진적으로 증대하여가는 현 시점에 있어서 국제통상을 규제하고 통상 정책상의 주요 문제가 규정된 국제통상 협정인 갓트에의 가입을 신중히 검토하게 되었음.

　　(3) 경제기획원, 외무부, 재무부, 상공부 등 관계부처에 의하여 개별적으로 검토되어오던 갓트가입 문제는 1965년 11월 15일 청와대 무역 확대회의에서의 대통령지시로 관계부처가 공동으로

- 1 -

가입의 이해득실을 검토하여 왔으며, 6차에 걸친 연석회의를
통하여 갓트 가입이 우리에게 유리하다는 결론을 내렸음.

(4) 이에 따라 1966년 5월 20일 대통령의 재가를 얻어
갓트 가입신청을 행하였고, 이에 따라 9월 12일 제네바에
가입교섭 대표단을 파견하였음.

(5) 동 대표단은 약 3개월간 현지에서 관계각국과 갓트
가입을 위하여 전후 31 차에 걸친 관세양허 교섭회의에 임하여
총 60개 품목에 관한 관세 양허를 행함으로서 12월 2일 까지
관계 12개국과의 상무교섭회의를 종결시켰음.

(6) 동 상무관세양허 교섭이 종결됨에 따라 우리나라
및 관계 14개국으로 구성된 "한국가입을 위한 작업부" 회의를
11월 30일 부터 12월 8일 까지 개최케하여 우리나라의 무역 및
관세정책의 갓트 협정의 제 규정에 합치됨을 동 작업부로 하여금
인정케하고 우리나라의 갓트가입 조건을 규정한 가입의정서의
초안을 제출하여 이를 통과시켰음.

(7) 동 작업부의 최종보고는 12월 16일 개최된 갓트
이사회에 상정되어 이의없이 채택되어 1967. 1. 10. 자로 체약
국단에 의한 우편투표를 실시하고 있음. 이 투표에 있어서 69개
체약국("로데시아" 제외)의 3분지 2인 46개국의 찬성을 획득
하면 한국가입이 확정되며 우리나라가 가입의정서에 서명한후 30일
후에 가입의 효력이 발생하게됨.

- 2 -

나. 가입의 의의:

(1) 양자간 무역협정의 번잡성을 피하고 무역협정이 보장하는 우리 상품에 대한 무차별 대우의 국제적인 보장을 다각적으로 일시에 받게됨. 즉, 현재 상무 무역협정을 통하여 관세 및 수입절차에 있어서 최혜국 대우를 받고있는 국가는 12개국 (그중 갓트 가맹국은 11개국임)이며, 갓트의 총 가맹국은 70개국이므로 잔여 56개국 (공산국가 3개국 제외)과 일시적으로 상무 무역협정을 체결할 결과를 가지고 옴.

(2) 갓트에 가입함으로써 우리나라는 갓트 가맹국이 지금까지 행한 6만여종에 대한 관세양허의 혜택을 자동적으로 받게될뿐 아니라, "케네디 라운드" 무역협상 회의의 참가를 통하여 앞으로 우리나라는 주요 무역대상국인 미국, EEC 제국, 영국 서서, 일본등 "케네디 라운드" 참가 선진국이 행할 50% 관세인하의 혜택을 확보함. 현재 "케네디 라운드" 교섭과정을 통하여 새로히 관세인하 (50%인하)가 거의 확정적으로 기대되는 품목에 관한 66년도 우리나라의 수출액은 약 8,100만불임.

(3) 갓트 가입 저개발국 (현재 전체약국의 3분지 2선에 육박)과 상호 협조하여 미국, EEC 제국등 선진국에 대한 통상 교섭에 있어서 유리한 입장을 취할 수 있으며, 그에 따라 우리나라의 주요 수출상품을 포함한 후진국 수출상품에 아직 가하여지고 있는 수입 제한 조치의 철폐 내지 완화를 초래케됨.

- 3 -

(4) 세계통상 정보의 집산지인 갓트 활동에 적극
참여하므로서 세계시장 상황을 보다 정확히 파악하여 수출
증대에 기여할 것임. 즉, 현재까지는 저렴한 우리의 상품
가격을 이용, 극히 소수품목을 제외하고는 (예: 면직물, 대일
수출 농수산물)고역상대국의 수입제한 및 관세제도등 통상장벽에
관한 충분한 지식없이도 무난히 수출을 계속하여 왔으나, 앞으로
우리나라의 수출액이 급진적으로 증가함에 따라 이러한 통상
장벽이 문제가 될 것으로 예상되며, 이러한 통상장벽의 상세한
내용은 갓트 가입국에만 충분히 알려지고 있으므로, 갓트에
가입하면 이러한 정보를 충분히 얻어 수출증대에 기여할 수
있을 것임.

3. 주요 골자

가. 가입 의정서

가입의정서는 본문과 양허표로 구성되어 있는바 본문은
전문, 제 1 부 일반규정, 제 2 부 양허표, 제 3 부 최종 조항
으로 되어 있으며, 이에 첨부된 양허표는 총 60개품목의 관세
양허율표로 구성되어 있음.

제 1 부 일반규정:

1. 본 의정서가 발효하면 한국은 체약국이되며 동 의정서의
규정하는 범위내에서 갓트 협정문을 잠정적으로 적용하게됨.

- 4 -

2. (가) 한국이 적용할 갓트협정의 범위를 규정함.

(나) 갓트 협정에 기재되어 있는 특정일자를 본 의정서
일자로 대치함을 규정함.

제 2 부 양허표:

3. 의정서에 첨부된 양허표가 갓트협정의 한국양허표임을
규정함.

4. 양허표의 적용일자를 규정함.

제 3 부 최종 조항:

5. 의정서의 기탁 장소와 한국 및 체약국에 의한 의정서
서명에 관하여 규정함.

6. 의정서는 서명후 30일후에 발효함을 규정함.

7. 한국이 의정서에 서명함으로써 갓트 협정 및 부속
양허표를 개정하는 7개의 의정서의 당사국이됨을 규정함.

8. 정식 가입전에 있어서 한국이 갓트협정의 잠정적 적용을
철회할 수 있는 조건을 규정함.

부속 양허표: 제 1 부 최혜국 관세율, 제 2 부 특혜관세율로
되어있음. 제 1 부는 60개 품목에 대한 최혜국 관세율을 규정
하고 있음. (참조: 3. 다 - 관세양허표의 내용)
제 2 부는 특혜관세율인바 우리나라는 이의 해당사항이 없음.

- 5 -

나.　협정의 주요 골자

　　(1)　관세와 무역에 관한 일반협정은 협정본문 부속서
및 양허표의 3부로 구성되어 있는바 이중 협정본문은 전문 및
4 장 38조로 구성되어 있음.

　　(2)　제 1 장은 제 1 조 최혜국대우 제 2 조 양허표의
2 조 뿐이나 관세, 기타 과정금 및 수출입 절차등에 관한 근본:
규정으로서 상기사항에 관한 무차별 대우와 관세교섭의 성과인
양허표의 효과에 관하여 규정하고 있음.

　　(3)　제 2 장은 관세양허의 효과를 확보하기 위한
조치와 관세이외의 통상장해의 철폐를 위한 조치를 규정하고
있으나 동시에 많은 예외규정을 두어 그 운영에 있어 탄력성을
주고 있음.

본장에 포함되어 있는 주요규정은 내국민대우 (3조) 덤핑 방지세
및 상쇄관계 (6 조) 관세상의 평가(7 조) 수입제한 (11-14조)
보조금 (16 조) 국영무역기업 (17 조) 후진국의 특혜 (18 조)
긴급조치 (19 조) 불평처리 절차(22, 23 조)등이 있음.

　　(4)　제 3 장은 주로 절차 및 기구에 관한 규정으로서
관세동맹 및 자유무역지역에 관한 규정 (24 조) 체약국단 회의
(25 조) 관세교섭 (28 조의 제 2), 가입 (33 조) 등의 규정이
포함되어 있음.

- 6 -

(5) 제 4 장은 후진국의 통상증진 및 경제개발을
새로히 채택된 것으로서 제 36 조의 원칙 및 목적
조의 약속. 제 38 조의 공동행동으로 구성되어 있음.
(6) 주요조문 해설

제 1 장

제 1 조
최혜국 조항으로서 막체결국의 산품에 대하여 무조건
최혜국 대우를 부여할것을 규정하고 있음.
제 2 조
관세교섭의 결과로 이루어진 양허표의 효과와 그
효력을 확보하기 위한 조치를 규정하고 있음.

제 2 장

제 3 조
수입에 대한 내국과세 및 내국규칙에 있어서의
내국민대우를 규정하고 있음.
제 6 조
덤핑방지세 및 상쇄관세에 관하여 그정의, 과세
요건 과세한도 및 일차산품에 관한 특례를 규정하고 있음.

- 7 -

제 7 조

과세가액산정의 원칙을 규정하고 있음.

제 11 조

수출입에 관한 수량적 제한의 일반적 정지와 이에 대한 예외를 규정하고 있음.

제 12 조

제 11 조에 대한 예외로서 국제수지 개선을 위하여 수량제한을 할수 있음을 규정하고 있으며 수량제한에 있어서의 준수사항 및 협의의무를 포함하고 있음.

제 13 조

수량제한에 있어서의 무차별 원칙을 규정하고 있음.

제 14 조

무차별 대우 원칙에 대한 예외를 규정하고 있음.

제 16 조

보조금의 규제를 목적으로 일반보조금과 수출보조금으로 나누어 규정하고 있음.

제 18 조

후진국이 경제개발을 위하여 필요한 경우 특별보호 조처를 인정하는 규정임.

제 19 조

국제수지옹호외의 이유로 수입 제한을 가능케하는 일종의 도피 조항으로서 긴급조처를 규정하고 있음.

- 8 -

제 22 조

일반협정의 원활한 운영을 위하여 체약국상호간의 협의에 관하여 규정하고 있음.

제 3 장

제 24 조

일반협정의 적용지역, 관세동맹, 자유무역지역, 국경 무역에 관하여 규정하고 있음.

제 25 조

본조는 체약국단회의, 체약국단에 있어서의 표결, 체약국단의 권한에 관한 규정으로서 제 5 항에는 면제에 관한 규정이 포합되어 있음.

제 28 조

본조는 양허의 수정 또는 철회에 관하여 일반적으로 규정하고 있음.

제 28 조의 제 2

관세교섭의 기본원칙을 규정하고 있음.

제 4 장

제 36 조

후진국의 무역증진과 경제개발의 중요성을 재확인하고 이에 대한 목적과 원칙을 규정하고 있음.

- 8 -

제 37 조

특허 선진체약국이 준수하여야 할 약속을 규정하고
있음.

제 38 조

36 조의 목적을 달성하기 위하여 필요한 체약국들에
의한 공동행동을 규정하고 있음.

다. 우리나라의 관세양허표의 내용

(1) 우리나라가 양허키로한 총품목은 60개품목으로
양허표는

(가) 거치 (현행 관세율을 앞으로 인상하지 않고
그대로 계속 존치하는것)가 41개품목

(나) 인상한 제점 표시 (앞으로 관세율의 인상
과정서에 그 인상의 최고한을 설정하는것)
가 2개 품목

(다) 인하 (현행 관세율을 현재 수준 이하로 인하
하는것)가 17개품목으로 되어 있음.

(2) 관세양허품목의 선정

(가) 관세양허품목은 국내 산업보호, 관세수입,
관세율균등의 견지에서 선정됨.

(나) 관세양허표로 인한 관세수입 감소액을 1965년
통계에서 추계하면 약 2,800만원 (면세액도

- 10 -

포함됨. 따라서 실제감소액은 보다 작아질
것임)이며 이의 동년 관세수입 총액
1,290,000만원에 대한 비율은 약 0.02%임.

(3) 본 양허가 수입에 미치는 영향.

(가) 우리나라 관세양허의 대부분은 거치로 되어
있는바 여건의 변동으로 수입증대가 초래
될지는 몰라도 관세를 거치로서는 수입
증대를 초래하지는 않을 것임.

(나) 관세인하 품목은 우, 우육, 양육, 조수육류의
조제식료품, 어류의 조제식료품, 조제된
음료 베이스 (알콜을 보유하지 않은것),
엽연초, 붕산, 붕산소다, 흄텐, 내후타편,
사진용 제버전, 통계 및 회계용 기록지,
남자용외의, 남자용 내의, 여자용 및 육아용
의류, 굴착기의 16개 품목으로서 이들 품목의
1965년도의 수입실적은 $981,830이며 동년
총수입액 $449,952,000에 대한 비율은 약
0.22%에 불과함.

(다) 이와 같이 관세인하 품목은 그 수입이 극소한
품목으로서만 구성되어 있을뿐만 아니라
이 중에도 6개품목 (우, 붕산소다, 흄텐,
내후빡인, 사진용 제타진, 굴착기)을 제외한

- 11 -

품목은 아국 무역계획상 일부제한 또는
불표시 품목으로서 관세인하만으로서는
수입이 증대될수 없는 품목임.

4. 기타 사항

가. 관세와 무역에 관한 일반협정에의 대한민국의 가입을
위한 의정서 및 동 협정문 별첨 (영문 및 동 번역문)

나. 예산조치

별도 예산조치 필요 없음.

다. 관계부처 합의 : 재무부, 상공부, 법제처.

1 (第60回一第9次)　　　　　　　　　　　　(官報附錄一第384號)

一九六四年一月三十一日
第三種郵便物認可

第六十回 國會會議錄 第九號 國會事務處

一、日時 一九六七年三月一〇日金午前一〇時
二、開議事項

議事日程 (第九次會議)

一、報告事項
二、開稅와 貿易에 關한 一般協定에의 大韓民國의 加入을 爲한 讓定書締結에 대한 同意案
三、司法施設造成法案
四、政府組織法中改正法律案
五、原子力法中改正法律案
六、科學技術振興法中改正法律案
七、氣象業務法中改正法律案
八、技術士法中改正法律案
九、仁川市區設置에 關한 法律案
一〇、租稅附加稅廢止에 關한 特別措置法中改正
一一、外國換管理法中改正法律案
一二、國會人事規則中改正案
一三、普察에 關한 法律案
一四、學校保健法案(代案)
一五、科學教育振興法案(代案)
一六、機械工業振興法案
一七、農産物檢査法中改正法律案
一八、食品衛生法中改正法律案(繼續)
一九、獨立有功者事業基金法案
二〇、軍事援護報償法中改正法律案
二一、職業安定法改正法律案
二二、纖維工業協同組合設立認可에 關한 請願

一九六七年三月一〇日 議員《金俊淵》資格喪失에 關한件 閉會中常任委員會案件審査에 關한件

付議된案件 目次

一、閉會中常任委員會案件審査에 關한件	一面
二、議員《金俊淵》資格喪失에 關한件	一面
三、司法施設造成法案	一〇面
四、開稅와 貿易에 關한 一般協定에의 大韓民國의 加入을 爲한 讓定書締結에 대한 同意案	一二面
五、政府組織法中改正法律案・科學技術振興法中改正法律案	一三面
六、原子力法中改正法律案・氣象業務法中改正法律案・技術士法中改正法律案・仁川市區設置에 關한 法律案	一六面
七、租稅附加稅廢止에 關한 特別措置法中改正法律案	二一面
八、國會人事規則中改正案	二一面
九、外國換管理法中改正法律案	一九面
一〇、改正法律案	三〇面
一一、音察에 關한 法律案	三一面
一二、學校保健法案(代案)	三七面
一三、科學教育振興法案(代案)	三九面
一四、機械工業振興法案	四九面
一五、農産物檢査法中改正法律案	五〇面
一六、食品衛生法中改正法律案(繼續)	五三面
一七、學校教育振興法案(代案)(繼續)	五七面
一八、獨立有功者事業基金法案(繼續)	一五七面
一九、獨立有功者事業基金法案	
二〇、軍事援護報償法中改正法律案	一六一面
二一、職業安定法改正法律案	一六二面
二二、纖維工業協同組合設立認可에 關한 請願	一六四面
二三、國有地拂下에 關한 請願	一六六面
二四、消防法中改正法律案	
二五、建築法中改正法律案	一六八面
二六、豫算會計法中改正法律案	二二六面

議長《李孝祥》 全羅南道 第十二選擧區에서 選出된 金俊淵議員이 二月二十三日字로 新民黨의 黨籍에서 離脱하였으므로 憲法 第三十八條의 規定에 依하여 國會議員의 資格이 喪失되었음을 宣布합니다

―議員《金俊淵》資格喪失에 關한件―

(午前一〇時五〇分)

議長《李孝祥》 閉會中에 常任委員會의 案件을 審査할 수 있도록 各常任委員長으로부터 要請이 들어 왔습니다 이 들어 왔습니다

―閉會中常任委員會案件審査에 關한件―

(午前一〇時五二分)

그리하여 第六十回 臨時國會는 오늘 國會가 開會될 때까지 各常任委員會의 活動을 할 수 있도록 또써 閉會中에 常任委員會의

議長《李孝祥》 報告事項이 있겠습니다

報告事項은 末尾에 記載

議事局長《秦孝淳》 第九次 本會議를 開議하겠습니다

(午前一〇時四五分開議)

報告事項을 올리겠습니다

一九五

一九六七年三月一〇日 閉會中常任委員會案件審査에關한件 議事進行에關한件

여러분이 贊成하시면 이 쑛案을 承認해 줄까
합니다 異議 없읍니까?
(異議없음니다 하는 이 말슴)

承認되 추캤습니다

—(議事進行에關한件)—

〇議長(李孝祥) 다음은 議事進行發言으로 新民
黨의 申仁兩議員께서 發言하시겠읍니다

〇申仁兩議員 議事進行으로 말슴드리는
것을 대단히 懊懊스럽게 생각합니다
우리 六代國會도 앞으로 總選事를 앞두고
여기서 上程된 法案을 百三十分으로 所定되
終의 남이 될는지도 모르겠읍니다 그려나 아마 最
拳한 議事進行을 시키는 것이 오늘 아마
리 六代國會가 마지막 裝飾하는 이 마당에
있어서나 우리는 慌慌하지 않을 수 없는 事實
리 指摘하게 여기에서 議事進行으로 말슴
드리는 것입니다 우리가 지금
열한時까지 두時間 百二十分이 남았읍니다
나다 여기다가 죽막 넘기려고 前奏曲
에 하나씩 上程된 法案을 二十六個法案 五
分적만 잡는다고 하더라도 百三十分이 所要되
는 것입니다 찬마리 延期를 해가지고
이 會期를 延長시켜 가지고 이 法案을 檢
討해서 通過시켜야 할터인데 오늘
이와같이 많은 法案을 上程시켜 놓고 五分만
에 하나씩 죽막 넘기려고 하는 것은
德이 아니라고 하는 事實은 國會를 위해서
勿論 與野間의 合議에 依說고
다 本議員이 생각하기에는 이 法案中에 討論

에 參加할 또 質疑를 해야 될 法案이
數가 있읍니다 어째서 되어서 議事進行
營委員會 當局이 이와같이 마지막 판에 가서
이렇게 牛步遲遲하게 껴어 오면 國會가 二十六
個 法案을 두 時間에 通過시키려고 하는
處事는 議長을 비롯한 國會 運營當局에
對한 重大한 罪過를 犯하려고 하는 前奏
에인가 생각됩니다 이러한
庭事는 恍嚏을 議長은 항상 議事道
萬一에 이와같은 國民
萬一 오늘 期日이 모자란다고 할것 같으면
다만 너칠이라도 이 延期를 시켜 가지고
重하게 法律案을 討議해야 되는 愼
重하게 法律案을 討議해야 되는 愼
이고 制限하는 것입니다 이런 法案을 一海千
里格으로 또 外國과의 縮結하는 協定書
를 맺는 議定書 저 獨立有功者에 對한 法案
을 뜨는 期日 이 모자란다고 할것 같으면
決定 지으려고 하지는 않아야 할것인데요
이렇게 延長시켜 가지고 이것이야!
勿論 國會議員이 全知全能해서 한번 보면 곧아
이런것이 어째지 어떻게 이렇게 一朝一夕에 이렇게

는 이런 忠者만이 모여든 樂團이라면 모르겠어요
하더라도 一定한 手續을 밟아야 하는
것입니다
이렇게 되어서 國會가 이런 情性이 생겨가지
고 마치 軍政時에 國家再建最高會議가 前
例를 民運의 依據해서 분인 國會議員이 犯한 수
法律을 뚝막 뚝
막 내에 이것은 곧 六代國會가 마지
事라고 이사람은 斷定하지 않을 수가 없어!
따라서 國民에게 背信하는 行動이라고
規定아니 할 수가 없읍니다
그림에도 不拘하고 그와같은 말슴은 議長은 運營委員會 當局과 論議
하기 때문에 興野 總務를 열어서 다만 하
해 가지고 이 興野
칠이든지 통해
라도 國民으로부터 信任을 받
도록 이런 措置를 해주기를 希望하고 議事進行
으로서 말슴을 드리는 것입니다

〇議長(李孝祥) 지금 申仁兩議員께서 하신 말
슴은 좋은 말슴이 올시다
그 뜻을 받들어서 아무리 案件이 많다 하며
라도 輕率하게 그렇게 輕率하게 해 않겠읍니다
지금까지도 그렇게 안하겠읍니다
時間을 여러분의 贊同을 얻어서 延長할 것이
시면 그대 또 여러분이 贊成하
시면 延長해도 안 되며 그
너무 念慮마시기 바랍니다

○議長（李孝祥） 議事日程 第二項 關稅와 貿易에 관한 一般協定에의 大韓民國의 加入을 爲한 議定書의

（午前 十一時四分）

締結에 대한 同意案을 上程합니다

本 同意案은 外務委員會 幹事이신 申泂湜議員 께서 審査報告를 하시겠습니다

（參照）

關稅와貿易에關한一般協定에의大韓民國의加入을爲한議定書

PROTOCOL FOR THE ACCESSION OF KOREA TO THE GENERAL AGREEMENT ON TARIFFS AND TRADE

TABLE OF CONTENTS

一九六七年三月一〇日 關稅와貿易에관한一般協定에의大韓民國의加入을爲한議定書締結에대한同意案

一九六七年二二二〇□ 關税및貿易에관한一般協定에의大韓民國의加入을爲한議定書締結에대한同意案

및 第三十七條를 改定하는 議定書 第一項A에 規定하는 改定이 效力 을 發生한 후에는 第二十九條) 第三十三條 또는 본協定의 경우에 適用된다

절차에 따른 行動의 경우에 適用된다

第一項ⓐ

第三十七條에 관하여

본항은 第二十八條·第二十八條의二 (第一部·第二十九條 및 第三十三條) 또는 본協定에 따른 締結同意案 改定하는 議定書 第一項A에 規定하는 改定이 效力을 發生한 후에

는 第二十九條) 또는 第三十三條의 規定에 따른 關稅 또는 기타 상의 제한적 규칙의 경감 또는 폐지를 위한 交涉이 행하여 지는 경우에 適用되며 또한 締約國이 행할 수 있는 이러한 경감 또는 폐 지를 위한 기타行動에 관련하여 適用된다

第三項ⓐ

본항에 언급된 기타조치에는 국내경제구조의 개혁을 증진하고 특정 상품의 소비를 장려하거나 또는 무역증진의 조치를 취하기 위한 조 치를 포함시킬 수 있다

ⓐ外務委員長代理(申泰煥) 議事日程 第二項 開
稅와貿易에 關한 一般協定에의 大韓民國의 加入을 爲한 議定書에 對한 締結同意案 審査報告書
를 간단히 말씀 올리겠습니다

먼저 審査經緯부터 말씀을 올리겠습니다
本 關稅와 貿易에 關한 一般協定 (G
ATT)라고 이렇게 말씀을 줄일수있읍니다
韓民國의 加入을 爲한 議定書締結同意
案은 一九六七年三月七日字로 政府가 憲法第五
十六條第一項에 依據하여 그 同意를 要請하여
同月八日에 外務委員會에 廻付되어 우 爲로서
外務委員會는 이를 審査하기 爲하여 即日로
關聯經濟委員會 財政經濟委員會 및 商工委員會와
의 三委員會의 連席會議를 開會하여 먼저 外
務部次官으로부터 提案說明을 聽取하는 한편
財務部長官의 補充說明에이어 三委員會의
連席會議에서 三委員 踏員間에는 GATT
加入의 安當性에 對한 見解의 一致를 보았읍
니다의 周知하는바와 같이 우리나라는 一九五〇
年九月以來 GATT에의 加入을 爲하여 對外

GATT의 性格과 大韓民國政府의 GATT 加
入을 爲한 交涉經緯를 말씀드리자면
첫째로 GATT는 世界貿易自由化와 貿易擴大
그리고 資源의 最大活用을 通한 生活水準의
向上을 期하기 爲하여 關稅및 貿易上의 障碍
를 除去하기 爲한 一種의 多者間 貿易協定
이며 이 協定에 加入하면 GATT에 加入하면
五十七個國家와는 個別的으로 貿易協定을
締結하지않더라도 事實上 相互最惠國待遇를
갖게되는것입니다

둘째로 大韓民國은 一九六六年五月二〇日 GAT
T에 加入申請을 하고 同年九月부터 行한 關
稅讓許交涉을 通하여 우리나라의 경우 六〇個
品目에 對한 關稅讓許를 하여 GATT事務局

의 意義가 至大함은 充分히 理解하여 GATT加入
의 意義가 至大함은 充分히 理解하고 있으
므로 本議定書의 細部에 關한 審査를 省
野해道 좋다는 데에 意見의 一致로 興
論이 되었으며 第四次外務委員會 (六七·三·八)에서 與
略하고 第四次外務委員會 (六七·三·八)에서 本
議定書에 對한 署名과 GATT에의 加入을 爲한 本
議定書에 對한 同意하기로 議決하였음
니다

GATT加入에 依하여 一九六七年一月一○日부터 GATT
締約國間에 依하여 郵便投票를 廻付되어있는바 지
三月二日字 現在로 全締約國 七〇個國의
三分之二인 四七個國의 贊成投票를 얻음으로써
加入條件이 確定되었으므로 本議定書에 署名하면 그 GATT
그리고 GATT 內容을 參照하여주시기를 바라는
子는 油印物을 充分히 參照하여주시기를 바라는
것입니다
마지막으로 GATT加入의 意義를 簡單히 말
씀드리자면 七個 GATT締約國中 現在 우
리나라와 貿易協定을 締結하지 않고 있는 國
家는 三個 共産國家를 除外한 五十七個 있는 國
家는 三個 共産國家를 除外한 五十七個 있는
서 우리나라가 이번에 GATT에 加入하면
五十七個國家와의 個別的 貿易協定을
締結하지않더라도 事實上 相互最惠國待遇를 받는
雙務的 貿易協定을 締結한것과 同一한 效果를
갖게되는것입니다
따라서 GATT加盟國이 지금까지 行한 六萬餘
品目에 對한 關稅讓許의 惠澤을 自動的으

一九六七年三月一○日 關稅와 貿易에 관한 一般協定에의 大韓民國의 加入保爲한 議定書締結에대한 同意案

호·받게 됨은 勿論 「케네디 라운드」 貿易協商會議의 參加는 契機로 우리나라의 貿易對象國인 美國 英國 日本 EEC諸國等 「케네디 라운드」 參加 先進國이 行할 結果 美國 英國 EEC六個國 및 日本을 包含한 十二個國과의 兩國間의 雙務貿易會談으로서는 그 完全한 除去를 通

五十「프로」 關稅 引下의 惠澤을 確保할수 있으며 世界 通商情報「센터」인 GATT活動에 積極 참여하게되어 貿易自由化를 指向하는 國際的趨移等 世界市場狀況을 正確히 把握하여 國際競爭力의 合理的强化로 國內産業의 質을 向上 시킴과 同時에 特히 輸出增大에 크게 기여할수 있을 것입니다 時間關係로 速讀을 해서 대단히 罪懌합니다 興野 滿場一致로 通過시켜 주시기를 간절히 바라 마지 않습니다

○議長(李孝祥) 다음은 外務部次官의 提案說明이 있겠습니다

○外務部次官(金永周) 政府는 關稅와 貿易에 關한 一般協定 即「가트」에 加入하기로 決定하고 이에 關한 國會의 同意要請案에 대한 提案說明을 드리고자 합니다

一九四八年 一月一日에 發足한 이 協定은 各締約國間에 關稅와 貿易에 대한 「카트」締約國의 제품에 대한 關稅引下의 惠澤을 우리나라도 發받을뿐 아니라 또한 「케네디 라운드」 貿易協商會議의 參加를 通하여 앞으로 美國 EEC諸國 等 先進國이 行할 五十「퍼센트」 關稅引下의 惠澤을 받게 되는 것입니다 世界로 「가트」締約國의 三分의二에 가까운 低開發國家와 相互協助하여 先進諸國에 대한 通

무역과 관련하여 無差別原則에 立脚한 이 協定은 各國의 經濟繁榮을 위하여 自由通商의 實現을 通하여 生活水準의 向上 그리고 有效需要量의 確保 世界의 資源의 完全利用 그리고 財貨의 生産과 交換 그리고 高度의 實質의 所得額을 增強하는 것을 目的으로 하고 있으며 最近에 와서는 特히 後進國의 輸出增大를 主要 目的으로 하고 있읍니다

政府는 一九六六年五月二十日 「가트」加入을 正式 申請하였으며 特히 先進諸國의 工業品輸出에 대하여 差別的制限을 加하고 있는 바 이러한 障壁의 除去를 보다 容易하게 될 것입니다 同年 十二月十六日에 開催된 「가트」 理事會에서 韓國의 加入을 爲한 議定書를 探擇하였고 六七年一月부터 始作된「가트」 締約國間에 의한 郵便投票 結果 三月八日現在 加入에 必要한 締約國의 三分의二를 넘는 四十九個國의 贊成을 얻음으로써 우리나라의「가트」加入이 事實上 可能하게 된것입니다

○議長(李孝祥) 다음은 外務部次官의 提案說明

이 協定에 加入함으로써 우리나라가 얻게될 利點은 첫째 兩者 貿易協定締結의 煩雜性을 避하고 우리 商品의 多角으로 그리고 一時에 發 締約國의 品目에 대한 關稅引下의 惠澤을 自動的으로 받게 될뿐 아니라 또한「케네디 라운드」 貿易商會議의 參加를 通하여 앞으로 美國 EEC諸國 等 先進國의

國際的인 保障을 多角으로 그리고 一時에 받을 수 있는 것이며 迅速하게 世界貿易의 動態를 把握할수 있고 世界各國의 貿易政策 開發政策에 反映시킬수 있는 우리나라의 通商政策에 크게 寄與할 수 있게 되는 것입니다

둘째 貿易協定締結의 類似性을 해외수출의 急激한 增大로 보이고 있는 現時 貿易의 慶止를 規定하고 있는「가트」上의 加入으로 우리 나라의 經濟의 繁榮을 위하여서도 通商 우리 經濟發展에 절실히 要請되는 것으로 判斷하고 以上의 간단한 提案說明을 參酌하시고 이 議案에 同意하여 주시기 바랍니다

○議長(李孝祥) (異議없소)하는 분 있음) 發言하실 분 없으십니까? 政府의 要請대로 同意하여 議事日程 第二項은 政府의 要請대로 同意하도록

一九六七年三月一○日　國務와 貿易에 관한 一般協定에의 加入을 爲한 議定書附錄에 대한 同意案　司法施設造成法案　三○四

可決시키고자 한다

異議 없읍니까?

「異議없소」하는 이 있음

可決된 것을 宣布합니다

○議長(李孝祥) 議事日程 第三項 司法施設造成法
案을 上程합니다

法司委員會 幹事이신 玉明南議員께서 提案說明을
하시겠읍니다

—(司法施設造成法案)—

(參照)

一, 司法施設造成法案

（政府）

第一條 (目的) 이 法은 法院 및 登記所와 檢
察廳, 矯導所, 出入國管理事務所 其他
司法 및 法務施設의 設置와 管理에 必要한
財政을 確保함으로써 司法및 法務의 正常
的인 運營을 기함을 目的으로 한다

第二條 (造成財源) 司法 및 法務施設의 造成財
源은 다음 各號의 金額을 合算한 額의 百
分의 三十에 해당하는 金額으로 한다

一, 당해年度의 鬪料金 및 沒收金收入豫算額

二, 당해年度의

政府原案

第一條 (目的)

이 法은 法院 및
登記所, 檢察廳, 矯導所, 少年院,
出入國管理事務所 其他 司法 및

【對照表】

第一條 (目的) | 法制司法委員會修正案

二, 당해年度의
印紙收入豫算額

第三條 (豫算書등의 提出) 法務部長官과 法院行
政處長은 司法 및 法務施設의 老朽한 程度
와 財政을 確保함으로써 司法및 法務의 圓
滑한 運營을 기함으로 당해年
度의 事業計劃書와 豫算要求書를 作成하여
每年 前年度 五月三十一日까지 經濟企劃院長官
에게 제출하여야 한다

第四條 (豫算上) 政府는 前條의 事業計劃書와 豫
算要求書에 따라 第二條의 規定에 의한 額의
범위안에서 司法 및 法務施設의 設置와 運營費
를 당해年度의 豫算에 計上·策定하여야 한다

第五條 (他法과의 관계) 이 法의 規定에 의
한 司法 및 法務施設에 대하여는

第六條 (施行令) 이 法의 施行에 관하여 필
要한 事項은 大統領令으로 정한다

附　則

①(施行日) 이 法은 公布한 날로부터 施行한다

②(適用期間) 이 法은 一九六八 會計年度부터
一九七二 會計年度까지 適用한다

政府原案

第一條 (目的)

이 法은 法院및 登記所와 檢

法制司法委員會修正案

第一條 (目的)

이 法은 法院및
登記所와 檢察廳, 矯導所, 少年院및
出入國管理事務所 其他 司法 및
法務施設의 設置와 管理에 必要한
財政을 確保함으로써 司法및 法務의
正常的인 運營을 기함을 目的으로
한다

第二條 (造成財源) 司法및
法務施設의 造成財
源은 다음 各號를 合算한 額의 百分
의 三十에 해당하는 額으로 한다

一, 당해年度의
鬪料金 및 沒收金收入豫算額

二, 당해年度의
印紙收入豫算額

第四條 (司法·法務施設比率) 政府는 司法과 法務
施設이 그 三分의 一
二의 比率에 따라 施行되어야 한다

第五條 (司法施設特別會計설치) 司法및 法務
施設에 對하여는 司法施設特別會計를 設
置하고 政府附會計는 法務施設特別會計
를 設置하고 司法施設特別會計를
아니한다

第六條 (施行令) 이 法의 施行에 관하여 필
要한 事項은 大統領令으로 정한다

第五條 (施行令) 이 法의 施行에 관하여 필
要한 事項은 大統領令으로 정한다

附　則

①(施行日) 이 法은 公布한 날로부터 施行한다

②(適用期間) 이 法은 一九六八 會計年度부터
一九七二 會計年度까지 適用한다

法務施設의 設置와 管理에 必
要한 財政을 確保함으로써 司
法및 法務의 正常的인 運營……

法務의 圓滑한 運營……

기 안 용 지

분류기호 문서번호	외방조 142	(전화번호)	전결규정	조 항 전결사항
처리기한		기 안 자	결 재 자	
시행일자	1967.3.10.	조약과 박원철	장관 국무총리 출장중 부재 1967. 3.13.	대통령
보존년한				

보 조 기 관	차 관		항 ML 3/13
	차관보		
	국 장	權	
	과 장		

| 협 조 | 국제경제과장 | 통상국장 |

경 유		
수 신	내부결재	통 발 정
참 조		제 송 서

| 제 목 | 관세와 무역에 관한 일반협정에의 가입을 위한 의정서 서명 및 공포 |

우리나라의 표기 협정 가입을 위한 의정서에 대하여는 3월 7일 제 16 회 국무회의의 의결을 거쳐 3월 10일 제 60 회 국회 제 9 차 본회의의 동의를 얻었으므로

　　1. 한표욱 주제네바 대사를 우리나라 전권위원으로 임명하여 전기 의정서에 서명토록하고,

　　2. 동 의정서는 서명일로 부터 30일 후, 우리나라에 대하여 효력을 발생하므로 동 의정서의 발효일자에 별지(안)과 같이 이 의정서를 공포할 것을 건의합니다.

유첨: 공포(안)   끝.

발송 7393

공   포   안

1967년 3월 7일 제 16 회 국무회의 의결을 거쳐,

1967년 3월 10일 제 60 회 국회 제 9 차 본회의의 동의를 얻어,

1967. 3. 15. 우리나라 전권위원이 서명함으로써, 1967. 4. 14.

일자로 우리나라에 대하여 효력을 발생한 "관세와 무역에 관한

일반협정에의 대한민국의 가입을 위한 의정서"(동 의정서에 의거

하여 적용될 "관세와 무역에 관한 일반협정"을 포함한다)를 이에

공포한다.

                        1967년   4월   14일

        대   통   령   박   정   희

        국무총리 겸

        외무부 장관   정   일   권

조약제 243 호

    "관세와 무역에 관한 일반협정에의 대한민국의 가입을 위한

    의정서"(동 의정서에 의거하여 적용될 "관세와 무역에 관한

    일반협정"을 포함)

    (이하 본문 별첨)

기 안 용 지

분류기호 문서번호	외방조 742-	(전화번호 74-2474)	전결규정	조	항
			국장		전결사항

처리기한		기 안 자	결	재	자
시행일자	1967.3.10.	조약과 박원철			
보존년한					

보 조 기 관	과 장

협 조	

경 수 참	유 신 조	공보부 장관	통 제	발 송	정 서

제 목	공포의뢰

　　　　제 16 회 국무회의 (1967. 3. 7.)의 의결을 거쳐 제 60 회 국회 제 9 차 본회의에서 체결동의를 얻어 1967. 3. 15. 우리나라 전권위원이 서명한 "관세와 무역에 관한 일반협정에의 대한민국의 가입을 위한 의정서"는 1967. 4. 14.자로 우리나라에 대하여 효력을 발생하였으므로, 법률등 공포에 관한 법률 제 6 조에 따라 별지 공포안과 같이 공포하여 주시기 바랍니다.

유첨: 공포안 2부　끝.

외   무   부

외방교 742-   1967. 4. 15.

수신: 공보부 장관

제목: 공포의뢰

　　　제 16 회 국무회의 (1967. 3. 7.)의 의결을 거쳐 제 60 회
국회 제 9 차 본회의에서 체결동의를 얻어 1967. 3. 15. 우리나라
전권위원이 서명한 ⌐관세와 무역에 관한 일반협정에의 대한민국의
가입을 위한 의정서⌐는 1967. 4. 14. 자로 우리나라에 대하여
효력을 발생하였으므로, 법률등 공포에 관한 법률 제 6 조에 따라
별지 공포안과 같이 공포하여 주시기 바랍니다.

유첨: 공포안 2부   끝.

　　　　　　　외   무   부   장   관

Contracting Parties to GATT

1 March 1967

Australia	Kenya
Austria	Kuwait
Belgium	Luxemburg
Brazil	Madagascar
Burma	Malawi
Burundi	Malaysia
Cameroun	Malta
Canada	Mouritania
Central Africa Rep.	Netherlands
Ceylon	New Zealand
Chad	Nicaragua
Chile	Niger
Congo, Brazzaville	Nigeria, Fed.
Cuba	Norway
Cyprus	Pakistan
Czechoslovakia	Peru
Dahomey	Portugal
Denmark	Rhodesia
Dominican Rep.	Rwanda
Finland	Senegal
France	Sierra Leone
Gabon	South Africa, Rep.
Gambia	Spain
Germany, Fed. Rep.	Switzerland
Ghana	Sweden
Greece	Tanganyika and Zanzibar
Guyana	Togo
Haiti	Trinidad and Tobago
India	Turkey
Indonesia	Uganda
Israel	United Kingdom
Italy	U.S.A
Ivory Coast	Upper Volta
Jamaica	Uruguay
Japan	Yugoslavia

GENERAL AGREEMENT ON TARIFFS AND TRADE

L/2770
17 March 1967
Limited Distribution

ACCESSION OF KOREA

On 2 March 1967 the CONTRACTING PARTIES adopted a Decision (L/2763) to the effect that Korea may accede to the General Agreement on the terms set out in the Protocol for the Accession of Korea, the text of which was approved by the CONTRACTING PARTIES at the thirty-eighth meeting of the Council (C/M/38). The text of the Protocol is annexed hereto.

The Protocol was signed by Korea on 15 March 1967. In accordance with paragraph 6 of the Protocol, the Protocol will enter into force on 14 April 1967 and, in the terms of paragraph 1 thereof, Korea will become a contracting party to the General Agreement on that day.

The Protocol may be signed by contracting parties if they wish to do so.

Protocol for the Accession of Korea to the
General Agreement on Tariffs and Trade

The governments which are contracting parties to the General Agreement on Tariffs and Trade (hereinafter referred to as "contracting parties" and "the General Agreement", respectively) and the European Economic Community, having received from the Government of the Republic of Korea a request for accession to the General Agreement, and the Government of the Republic of Korea (hereinafter referred to as "Korea").

HAVING regard to the results of the negotiations directed towards the accession of Korea to the General Agreement,

HAVE through their representatives agreed as follows:

Part I - General

1. Korea shall, upon entry into force of this Protocol pursuant to paragraph 6, become a contracting party to the General Agreement, as defined in Article XXXII thereof, and shall apply provisionally and subject to this Protocol:

    (a) Parts I, III and IV of the General Agreement, and

    (b) Part II of the General Agreement to the fullest extent not inconsistent with its legislation existing on the date of this Protocol.

The obligations incorporated in paragraph 1 of Article I by reference to Article III and those incorporated in paragraph 2(b) of Article II by reference to Article VI of the General Agreement shall be considered as falling within Part II for the purpose of this paragraph.

2. (a) The provisions of the General Agreement to be applied by Korea shall, except as otherwise provided in this Protocol, be the provisions contained in the text annexed to the Final Act of the second session of the Preparatory Committee of the United Nations Conference on Trade and Employment, as rectified, amended, supplemented, or otherwise modified by such instruments as may have become at least partially effective on the day on which Korea becomes a contracting party; provided that this does not mean that Korea undertakes to apply a provision of any such instrument prior to the effectiveness of such provision pursuant to the terms of the instrument.

(b) In each case in which paragraph 6 of Article V, sub-paragraph 4(d) of Article VII, and sub-paragraph 3(c) of Article X of the General Agreement refer to the date of that Agreement, the applicable date in respect of Korea shall be the date of this Protocol.

Part II - Schedule

3.   The schedule in the Annex shall, upon the entry into force of this Protocol, become a Schedule to the General Agreement relating to Korea.

4.   (a)   In each case in which paragraph 1 of Article II of the General Agreement refers to the date of that Agreement the applicable date in respect of each product which is the subject of a concession provided for in the schedule annexed to this Protocol shall be the date of this Protocol.

   (b)   For the purpose of the reference in paragraph 6(a) of Article II of the General Agreement to the date of that Agreement, the applicable date in respect of the schedule annexed to this Protocol shall be the date of this Protocol.

Part III - Final Provisions

5.   This Protocol shall be deposited with the Director-General to the CONTRACTING PARTIES. It shall be open for signature by Korea until 31 December 1967. It shall also be open for signature by contracting parties and by the European Economic Community.

6.   This Protocol shall enter into force on the thirtieth day following the day upon which it shall have been signed by Korea.

7.   Signature of this Protocol by Korea shall constitute final action to become a party to each of the following instruments:

   (i)   Protocol Amending Part I and Articles XXIX and XXX, Geneva, 10 March 1955;

   (ii)   Fifth Protocol of Rectifications and Modifications to the Texts of the Schedules, Geneva, 3 December 1955;

   (iii) Sixth Protocol of Rectifications and Modifications to the Texts of the Schedules, Geneva, 11 April 1957;

   (iv)   Seventh Protocol of Rectifications and Modifications to the Texts of the Schedules, Geneva, 30 November 1957;

(v)   Protocol Relating to the Negotiations for the Establishment of New Schedule III - Brazil, Geneva, 31 December 1958;

(vi) Eighth Protocol of Rectifications and Modifications to the Texts of the Schedules, Geneva, 18 February 1959, and

(vii) Ninth Protocol of Rectifications and Modifications to the Texts of the Schedules, Geneva, 17 August 1959.

8.   Korea, having become a contracting party to the General Agreement pursuant to paragraph 1 of this Protocol, may accede to the General Agreement upon the applicable terms of this Protocol by deposit of an instrument of accession, with the Director-General. Such accession shall take effect on the day on which the General Agreement enters into force pursuant to Article XXVI or on the thirtieth day following the day of the deposit of the instrument of accession, whichever is the later. Accession to the General Agreement pursuant to this paragraph shall, for the purposes of paragraph 2 of Article XXXII of that Agreement, be regarded as acceptance of the Agreement pursuant to paragraph 4 of Article XXVI thereof.

9.   Korea may withdraw its provisional application of the General Agreement prior to its accession thereto pursuant to paragraph 8 and such withdrawal shall take effect on the sixtieth day following the day on which written notice thereof is received by the Director-General.

10. The Director-General shall promptly furnish a certified copy of this Protocol and a notification of each signature thereto, pursuant to paragraph 5, to each contracting party, to the European Economic Community, to Korea, to each government which shall have acceded provisionally to the General Agreement, and to each government with respect to which an instrument establishing special relations with the CONTRACTING PARTIES to the General Agreement shall have entered into force.

This Protocol shall be registered in accordance with the provisions of Article 102 of the Charter of the United Nations.

Done at Geneva this second day of March one thousand nine hundred and sixty-seven in a single copy in the English and French languages, both texts being authentic except as otherwise specified with respect to the schedule annexed hereto.

ANNEX

SCHEDULE IX - REPUBLIC OF KOREA

This schedule is authentic only in the English language

PART I

Most-Favoured-Nation Tariff

Tariff Item Number	Description of Products	Rate of duty to be bound
01.02	Bovines (including buffalo)	Free
ex 01.05	Poultry (fowls, ducks, geese, turkeys and guinea fowls only, and excluding wild animals)	
	B. Other (excluding ducks)	10
ex 02.01	Meat and edible offals of the animals (only fresh, chilled or frozen falling within Nos 01.01 through 01.04)	
	A. Meat of bovine animals	25
	B. Meat of sheep and goats	25
10.01	Wheat and Meslin	10
ex 11.01	Cereal flour	
	A. of wheat	35
ex 14.01	Cereal straws, osier, reeds, rattans, bamboos, raffia, lime bark, and other vegetable plaiting materials similar to them (including those bleached or dyed, n.o.p.f.)	
	B. Bamboos	10
ex 15.02	Bovine cattle fat, goats fat, sheep fat, and unrendered fats of bovine cattle, goats or sheep	
	A. Beef tallow	30
ex 15.16	Vegetable waxes (including those coloured)	
	A. Carnauba wax	35
16.02	Foods prepared or preserved with bird meat or animal meat (other than those enumerated elsewhere)	80
16.04	Prepared foods of fish	80

SCHEDULE LX - REPUBLIC OF KOREA

Part I - (continued)

Tariff Item Number	Description of Products	Rate of duty to be bound
ex 21.07	Food preparations (n.o.p.f.) A. Non-alcoholic beverage base	50
23.07	Prepared forage and other preparations of a kind used in animal feeding (including those sweetened with molasses)	20
24.01	Leaf tobacco (excluding manufactured tobacco) and tobacco refuse	60
25.23	Portland cement, slag cement and other similar hydraulic cement (including those coloured or in the form of clinker)	30
25.24	Asbestos	15
ex 25.30	Crude natural borates (including those calcined, but excluding those separated from natural brine)and crude natural boracic acid (only those containing not more than 85% by weight of H_3BO_3 calculated in the dry state) B. Boric acid	15
ex 27.01	Coal, briquette, ovoids and similar solid fuels manufactured from coal ex A. Coal (2) Bituminous coal	10
ex 28.04	Hydrogen, rare gases, phosphorus and other non-metals (n.o.p.f.) A. Yellow phosphorus	20
ex 28.46	Borates and perborates A. Sodium borate	15
28.50	Radio-active chemical elements and radio-active isotopes; compounds, inorganic or organic, of such elements or isotopes, (including those chemically defined)	Free

SCHEDULE IX - REPUBLIC OF KOREA

Part I - (continued)

Tariff Item Number	Description of Products	Rate of duty to be bound
ex 29.01	Hydrocarbons ex C. Aromatic hydrocarbons (5) Naphthalene	25
ex 29.37	Sultones and sultams A. Santonin	15
ex 30.01	Organo-therapeutic glands or other organs, (only those dried, and including those powdered); organo-therapeutic extract of glands or other organs, or of their secretions; other animal substances prepared for thera- peutic or prophylactic uses (n.o.p.f.) A. Serums and blood plasma (excluding those reproduced by synthesis)	Free
ex 30.02	Antisera; microbial vaccines, toxins, anti- toxins, microbial cultures (including ferments but excluding yeast) and similar products A. Vaccine	Free
32.01	Vegetable tanning extract	30
ex 35.03	Gelatin (including gelatin in rectangles, whether or not coloured or surface-worked, but excluding gelatin postcards) and gelatin derivatives; glues derived from bones, hides, nerves, tendons or from similar products, and fish glues; isinglass A. Gelatin	40
ex 37.02	Photographic or cinematographic films in rolls (unexposed) ex A. Cinematographic film 2. Other	40
40.02	Synthetic rubbers (including synthetic latex, stabilised) and factice	15
ex 47.01	Cellulose pulp A. Wood pulp	Free

SCHEDULE LX - REPUBLIC OF KOREA

Part I - (continued)

Tariff Item Number	Description of Products	Rate of duty to be bound
	ex B. Other	
	(1) Chemical wood pulp (dissolving grades)	10
	(2) Soda wood pulp and sulphate wood pulp (unbleached)	10
	(4) Sulphite wood pulp (unbleached)	10
47.02	Waste and scrap of paper or paperboard	10
48.10	Cigarette paper (including those in the form of booklets or tubes)	50
ex 48.21	Other articles of paper, paperboard, of cellulose wadding or of cellulose pulp, n.o.p.f.	
	A. Cards for statistical machines or for calculation machines, perforated tapes for monotypes or the like for recording purposes	35
ex 51.01	Yarn of man-made fibres (continuous) (excluding those put up for retail sale) ex B. Of those weighing less than 0.18 grammes per metre ex 1. Of synthetic fibre	
	(a) Raw filament yarn (of those weighing less than 7 milligrammes per metre)	50
	ex 2. Of other	
	(a) Viscose rayon yarn	30
	(c) Acetate rayon yarn	30
61.01	Men's and boys' over-coats, suits, jumpers and other outer garments	80
61.03	Men's and boys' under garments (including collars, shirt fronts and cuffs)	80

SCHEDULE LX - REPUBLIC OF KOREA

Part I - (continued)

Tariff Item Number	Description of products	Rate of Duty to be Bound
61.04	Women's, girls' and infants' under garments	80
ex 76.01	Aluminium ingots and waste and scrap of aluminium	
	A. Ingot or lumps	10
ex 84.05	Vapour power units	
	A. Vapour turbines	5
ex 84.06	Internal combustion engines (only those which are piston engines, including cylinder blocks)	
	A. For aircraft	Free
84.07	Water turbines and other water engines (including regulators thereof)	Free
84.22	Lifts, hoists, elevators, winches, cranes, jacks, telphers, conveyors and similar windlass machinery (excluding those enumerated in No. 84.23)	
	C. Other	20
ex 84.23	Mechanical shovels, coal-cutters, excavators, scrapers, levellers, bulldozer and other excavating, levelling, boring and extracting machinery (including those which are mobile, only for earth, minerals or ores); snow-ploughs (including snow-plough attachments, but excluding those which are self-propelled) and pile drivers	
	B. Excavators and dredging machines	
	- Excavators	Free
	- Dredging machines	5
ex 84.36	Machines for extruding man-made textiles; machines of a kind used for processing textile fibres; spinning and twisting machines; doubling, throwing and reeling machines; and cotton gin	

SCHEDULE LX - REPUBLIC OF KOREA

Part I - (continued)

Tariff Item Number	Description of Products	Rate of Duty to be Bound
	A. Machines for extruding man-made textiles; machines of a kind used for processing textile fibres; spinning and twisting machines; doubling, throwing and reeling machines	5
ex 84.37	Weaving machines, knitting machines and machines for making gimped yarn, tulle, lace, embroidery, trimmings braid or net; machines for preparing yarns for use on such machines (excluding weftwinding machines)	
	A. Weaving machines and machines of a kind used for processing textile fabrics	20
	ex B. Knitting machines and lace machines	
	2. Other	20
ex 84.52	Calculating machines, accounting machines, cash registers and similar machines provided with a calculating device (including electric computers, but excluding those enumerated in No. 84.53)	
	A. Electronic calculating machines and parts thereof	5
ex 85.01	Electrical generators, motors, rotary converters, frequency converters, phase converters, transformers, current-transformers, rectifiers, battery chargers, reactors and choke coils	
	ex A. Electrical generators	
	3. Of output of 400 kilowatts or more	Free
85.03	Rail locomotives (n.e.p.f.)	Free
86.07	Railway and tramway goods vans, wagons and trucks (n.e.p.f.)	Free

SCHEDULE IX - REPUBLIC OF KOREA

Part I - (continued)

Tariff Item Number	Description of Products	Rate of Duty to be Bound
ex 87.02	Motor vehicles for the transport of persons (including racing cars, sports cars and trolley-buses) and motor vehicles for the transport of goods (excluding those enumerated in No. 87.09) ex C. Other 1. Jeep type, carryall type, sedan-delivery type and similar type	80
88.02	Flying machines (excluding those of No.88.01) and gliders	Free
88.03	Parts (only those of goods falling in Nos 88.01 and 88.02)	Free
ex 90.28	Electric instruments or apparatus for radiations (only those for measuring, checking, analysing or automatically controlling); electrical measuring or checking instruments or apparatus A. Instruments and apparatus for radiations	Free

Note : Rates of duty are expressed in per cent ad valorem.

PART II

Preferential Tariff

N i l .

기 안 지

기 안 자	국제경제과 이두복	전 화 번 호		공 보		필 요	불필요

과장	국장	차관보	차관	장관

협 조 자 명 성 명			보 존		문 서 기 장

기 안 년 월 일	1967. 3. 29.	시 행 년 월 일	1967. 3.	통 제 관	

| 분 류 기 호
문 서 번 호 | 외통국763 | | | | |

경 수 유 참 신 조	전공관 장		발신	장관

제 목	갓트가입통보

연: AM-0308

1. 연호로 통보한바와 같이 아국의 갓트가입의정서가 오는 4. 14.

발효하면 갓트의 72번째의 체약국이 되는바 동 가입의정서의 정식

발효에 따른 법적효과및 아국가입에 찬성투표국가명들을 통보하니

참고하시기 바랍니다.

　　가. 갓트가입에 따른 법적효과

(1) 한국은 가입의정서에 규정된 조건에 따라 갓트협정 제1부, 제3부

제4부, 그리고 현행국내법에 저촉되지않는 범위 내에서 제2부를

잠정적으로 적용하게 됨.

(2) 한국은 71개 체약국중 3개 공산국가를 제외한 전체약국과 일괄적

으로 최혜국 대우를 포함하는 무역협정을 체결하는 효과를 가져옴.

(실질적으로는 가입이전에 우리나라와 상무무역협정을 체결한바

있는 11개 체약국를 제외한 57개국과 새로 무역협정을 체결하는

결과가 됨.)

(3) 한국상품은 갓트체약국이 지금까지 양허한

대하여 특혜세율을 제외한 최저관세를 적용받게 됨.

(4) 우리나라도 체약국상품에 대하여 60개 품목에 대한 양허세율을 적용하게 됨. (60개 양허품목은 가입의정서에 부속되어 있음.)

　나. 3.15. 현재 우리나라의 갓트가입에 찬성투표한국가는 다음의 55개 국가임.

아주 : 일본, 오스트라리아, 뉴질랜드, 인도, 말레지아, 인도네시아

구주 : 영국, 불란서, 독일, 이태리, 화란, 벨기에, 룩셈불그, 스페인, 폴투갈, 덴마크, 노웨이, 오지리, 희랍, 말타, 서서, 싸이프러스, 서전

아중동 : 나이제리아, 켄야, 상아해안, 남아공화국, 가나, 마라가시, 말라위, 세네갈, 탄자니아, 토고, 아파볼타, 부룬디, 중앙아푸리카, 이스라엘, 쿠웨이트, 토이기, 차드, 니제, 다호메이, 우간다, 까메룬

미주 : 미국, 캐나다, 칠레, 부라질, 하이티, 자마이카, 페루, 트리니다드.토바고, 우루과이, 가이아나, 니카라과

참고 : 잔여 갓트체약국은 다음의 16개국임.
버마, 실론, 부라자빌 콩고, 큐바, 쳌코, 도미니카공화국, 핀란드, 가본, 감비아, 모리타니아, 파키스탄, 로데시아, 루안다, 시에라레온, 유고, 바바도스
(단, 참고, 큐바 및 유고의 3개국만제외, 갓트교섭과정에서 가입을 이해하는 것으로 추호를적용 찬성비웠음)

　다. 아국의 가입조건, 그리고 양허품목등 상세한 내용에 관하여는 별첨 자료를 참조하시기 바랍니다.

유첩 : 1) 관세와 무역에관한 일반협정에의 대한민국가입을 위한 의정서
　　　2) 갓트가입교섭결과보고
　　　3) 갓트가입안 국무회의상정안 (또는 국회동의 요청안) 각1부. 끝.

| 연 표 |

일 자		내 용
1949	8.	미국, GATT 관세협상 작업반에서 한국이 GATT 가입에 법적 장애가 없음을 선언
	9.	GATT 체약국단 제3차 회기 작업반, 한국의 가입 자격 인정
	9. 28	GATT 사무총장, 한국의 가입 의향 문의 서신 발송
1950	9. 28-	한국, 토키라운드 옵서버로 참석, 31개 항목 특허관세율 양허 GATT, 토키라운드 제3차 관세인하 협상 개시 '전쟁상황'에서 수량제한의 일반적 제거에 대한 한시적 예외 인정
	12. 15	한국, 34개 체약국단 중 25개 국가의 동의 획득으로 GATT 가입요건 충족, 관세양허표, 「토키의정서」 부속명세표 편입 GATT 체약국단, 「토키 최종의정서」 및 가입 동의 결정 등 승인
1951	4. 1	한국, 「토키의정서」 서명 시한 1951년 10월 21일까지 부여 GATT, 「토키의정서」 체결
	9. 17- 10. 27	한국 대표단, GATT 체약국단 제6차 회기 참석
	9. 18	GATT, 한국의 서명 시한 1952년 3월 31일까지 연기 결정
1952	4. 4	한국, 「토키의정서」 서명 시한 재차 연기 요청 GATT, 한국의 서명 시한 1952년 10월 15일까지 연기 결정 [자료 1] GATT 회의에 관한 복명서(1952. 2)
	11. 5	한국, 「토키의정서」 서명 시한 경과(연기 요청 없음) GATT, 1953년 5월 21일까지 서명 시한 연기 결정
1953	5. 21	한국, 「토키의정서」 서명 시한 만료
	8. 11	한국, 「토키의정서」 미서명 확정
1963	7.	한국, 윈덤 화이트 GATT 사무총장의 가입 권유 서한 수신
1965	3.	주제네바대표부, 「GATT 가입의견서」 청와대 제출

일 자		내 용
1965	11. 15	청와대 수출확대회의 및 관계 부처 실무자회의 (경제기획원·재무부·외무부·상공부·한국은행)
1966	1. 1	GATT, 제4부 무역과 개발 발효
	5. 20	한국, GATT 가입 신청 및 케네디라운드 협상 참여의사 통지 [자료 2] GATT 가입 신청 국무회의 안건 제출(1966. 5. 11)
	7. 7	한국, 통합 양허안 및 양해각서 제출 (케네디라운드 무역협상 양허안과 GATT 가입 협상 양허안 결합)
	7. 20	GATT, 사무국은 한국이 제출한 GATT 가입 관련 자료를 각 체약국에 배포하고, 9월 30일까지 한국 양해각서에 대한 보충 질문서와 한국 가입 작업반에의 참가의사를 서면으로 제출할 것을 요청
	9. 12	한국, GATT 가입 협상 대표단 파견 (재무부·상공부·외무부·한국은행 등)
	9. 21	한국·미국·일본·EEC·영국·캐나다·뉴질랜드·남아공과 예비 교섭 개시
	10. 7	한국, 통합 양허안을 GATT 가입 양허안과 케네디라운드 참여를 위한 양허안 으로 분리 제출
	10. 18	한국, 관세양허에 관한 양자 공식협상 개시
	12. 2	한국, 관세양허에 관한 양자 공식협상 종결
	11. 30- 12. 8	GATT, 한국 가입을 위한 작업반 회의 개최 [자료 3] 한국 가입에 관한 GATT 작업반 보고서(1966. 12. 14)
	12. 16	GATT 이사회, 한국 가입 작업반 최종보고서 채택
	12. 22	한국, 관세양허 협상 결과 GATT 사무국에 제출 [자료 4] GATT 가입 교섭 결과 보고 국무회의 안건 제출(1966. 12. 24)
1967	1. 10	GATT 사무국, 회원국에게 한국 가입에 관한 찬반투표 문의 [자료 5] GATT 가입을 위한 의정서 서명 및 국회 동의 요청(1967. 2)
	3. 2	한국, GATT 가입 득표수 확보(47개국 찬성) GATT, 「한국 가입 의정서」 채택 [자료 6] GATT 가입을 위한 의정서 체결에 대한 국회 동의안(1967. 3. 10) [자료 7] GATT 가입을 위한 의정서 서명 및 공포 의뢰(1967. 3. 10)

일 자		내 용
1967	3. 15	한국, 「GATT 가입 의정서」 서명
		[자료 8] GATT 가입을 위한 의정서(1967. 3. 17)
		[자료 9] GATT 가입 통보(1967. 3. 29), GATT 가입의정서 서명 및 공포
	4. 14	한국, 72번째 GATT 체약당사국이 됨

국내문헌

「GATT會議에 관한 復命書」, 1952. 2.

국회도서관 입법조사국, 「GATT와 우리나라의 加盟」, 입법참고자료 제66호, 1967.

국회사무처, 「관세와 무역에 관한 일반협정에의 대한민국의 가입을 위한 의정서 체결에 대한 동의안」, 제60회 국회 회의록 제9호, 1967. 3. 10.

권순우 외, 『한국 경제 20년의 재조명: 1987년 체제와 외환위기를 중심으로』, 삼성경제연구소, 2006.

김호칠, 「한국무역구조의 실증적 연구」, 동아논총, 1968.

농림축산식품부 보도자료, 「정부, WTO에 쌀 양허표 수정안 제출」, 2014. 9. 30.

박노형·정명현, 「GATT 가입을 위한 한국 정부 노력의 시대적 조명: 단기 4285년 2월 "GATT會議에 관한 復命書"를 중심으로」, 『안암법학』 제53권, 2017. 5.

배연재·박노형, 「한국의 GATT/WTO체제 경험과 국제경제법학의 발전」, 『고려법학』 제73호, 2014. 6.

인덕근·박정준, 「WTO체제에서의 남북한 교역과 개성공단 관련 통상쟁점 연구」, 『국제지역연구』 제23권 4호, 2014.

외교부, 「GATT(관세와 무역에 관한 일반협정) 의정서 가입」, 1967. 4. 14.

외무부, 국무회의 안건 상정 의뢰 「갓트 가입 교섭결과 보고」, 1966. 12. 24.

외무부, 국무회의부의 안건 제출 「갓트가입신청」, 1966. 5. 11.

외무부, 「갓트 가입통보」, 1967. 3.

외무부, 「관세와 무역에 관한 일반협정에의 가입을 위한 의정서 서명 및 공포」, 1967. 3. 10.

이준원·곽동철, 「한국무역 GATT 가입 50년의 성과와 도전」, 『Trade Brief』 No.12, 2017. 4. 13.

정일영, 『한국외교와 국제법』, 나남, 2011.

조광제, 한 직업외교관의 회상록, 나남, 2016.

최장호·최유정,「체제전환국의 WTO 가입경험과 북한 경제」, 대외경제정책연구원, 2018.
한국개발연구원,「2010 경제발전경험 모듈화 사업: 무역자유화」, 2011.

외국문헌

Craig VanGrasstek, "The History and Future of the World Trade Organization," WTO, 2013.

GATT, "Accession of Korea-Communication from the Government of Cuba," L/2695, 1966. 10. 21.

GATT, "Accession of Korea-Invocation of Article XXXV," L/2783, 1967. 4. 25.

GATT, "Accession of Korea-Memorandum on the Foreign Trade Regime," L/2657, 1966. 7. 20.

GATT, "Accession of Korea-Note by the Director-General," L/2655, 1966. 5. 26.

GATT, "Accession of Korea-Protocol for the Accession of Korea to the General Agreement on Tariffs and Trade," L/2770, 1967. 3. 17.

GATT, "Accession of Korea-Report of the Working Party," L/2720, 1966. 12. 14.

GATT, "Accession of Korea," L/2763, 1967. 3. 6.

GATT, "Assessment of Additional Contributions to the 1967 Budget and Advances to the Working Capital Fund," L/2788, 1967. 5. 2.

GATT, "Committee on Balance-of-Payments Restrictions, Consultation with the Republic of Korea, Addendum," BOP/R/183/Add.1, 1989. 10. 27.

GATT, "Contracting Parties-Sixth Session-Torquay Protocol-Addendum-Requests by the Governments of Italy and Korea for Extension of Time to Sign the Torquay Protocol," GATT/CP.6/6/Add.3, 1951. 9. 18.

GATT, "Documents to Imbody the Results of the Torquay Negotiations, Report of the Legal Working Party of the Tariff Negotiations Committee(As approved by the Committee for transmission to the Contracting Parties), ADDENDUM," GATT/CP.5/46/Add.1, 1950. 12. 18.

GATT, "Long-Term Arrangement Regarding International Trade in Cotton Textiles, Addendum, Accession by the Republic of Korea," COT/42/Add.1, 1964. 12. 16.

GATT, "MInutes of Meeting, 10 June 1966," C/M/36, 1966. 6. 17.

GATT, "Minutes of Meeting, 16 December 1966," C/M/38, 1966. 12. 30.

GATT, "Negotiations for the Accession of Korea," L/2690, 1966. 10. 13.

GATT, "Republic of Korea-Export Growth, Past and Prospective, Note by the Secretariat," BOP/90, 1969. 3. 5.

GATT, "Requests for Further Extension of the Time Limit for Signature, Addendum, Decision of 15 July 1952 Granting a Future Extension of the Time Limit for Signature of the Torquay Protocol," L/12/Add.1, 1952. 9. 5.

GATT, "Signature of the Torquay Protocol, Requests for Further Extension of the Time Limit for Signature," L/12, 1952. 7. 16.

GATT, "Statement of Contributions received and Contributions Outstanding as at 31 January 1952," GATT/CP/142, 1952. 2. 15.

GATT, "Status of Protocols and Schedules and Draft Decisions Extending the Time for Signature of the Torquay and Annecy Protocols, Addendum," L/53/Add.1, 1952. 11. 5.

GATT, "Summary Record of the First Meeting Held at the Palais des Nations, Geneva, on Tuesday, 23 November, at 2. p.m.," SR.20/1, 1962. 10. 26.

GATT, "The Torquay Protocol, Requests for Extension of the Time, Limit for Signature," L/30, 1952. 9. 30.

GATT, "Working Party 10 on New Tariff Negotiations, Statement by the Delegation of the United States Regarding Certain Legal Questions relative to the Accession of the Republic of Korea to the General Agreement on Tariffs and Trade," GATT/CP.3/WP.10/3, 1949. 8. 23.

GATT, "Working Party 10, Future Tariff Negotiations, Enquiry concerning the participation of the Republic of Korea, Dragt Telegram," GATT/CP3/WP10/2/7, 1949. 9. 28.

GATT, "Working Party 10, Future Tariff Negotiations, Report of the Working Party," GATT/CP3/WP10/2/9/Rev.1, 1949. 9. 28.

GATT, "Working Party 10, Future Tariff Negotiations, Report of Working Party 10 of the Third Session," GATT/CP/36, 1949. 9. 30.

GATT, "Working Party on Accession of Korea," L/2709, 1966. 11. 22.

UN Economic and Social Council, "Second Session of the Preparatory Committee of the United Nations Conference on Trade and Employment," E/PC/T/W/311, 1947. 8. 29.

USARice, "U.S. Objects to Korea's New Rice Import Scheme," 2015. 1. 6.

WTO, "A16. Top 10 exporters and importers of manufactures, 2015," World Trade

Statistical Review 2016, 2016.

WTO, "Accession of Least-Developed Countries, Decision of 10 December 2002," WT/L/508, 2003. 1. 20.

WTO, "Accession to the World Trade Organization: Procedures for Negotiations unter Article XII," Note by the Secretariat (Revision) WT/ACC/22/Rev.1, 2016. 4. 5.

WTO, "Rectifications and modifications of schedules-Schedule LX-Republic of Korea," G/MA/TAR/RS/396, 2014. 9. 30.

WTO, Analytical Index of the GATT.